뻔뻔한 바이러스

초등 교과 과정 연계

3학년 1학기 **국어** 6. 일이 일어난 까닭
3학년 2학기 **국어** 9. 마음을 읽어요
4학년 1학기 **국어** 10. 인물의 마음을 알아봐요
4학년 2학기 **국어** 4. 이야기 속 세상
4학년 2학기 **사회** 2. 사회 변화와 우리 생활
5학년 1학기 **국어** 10. 주인공이 되어
5학년 2학기 **국어** 책을 읽고 생각을 넓혀요
6학년 1학기 **국어** 2. 다양한 관점
6학년 2학기 **국어** 7. 다양한 생각

두리번 07 #믿음 #의심 #가짜뉴스

뻔뻔한 바이러스

서유재

차례

쌍코피가 터진 이유

교장 선생님 말은 길었다. 목소리는 왜 그렇게 축축 늘어지는지. 끊길 듯 끊어지지 않는, 녹은 치즈 같았다. 하품이 나오려는 걸 어금니를 깨물고 참았다. 조금 전에도 하품을 하다 선생님과 눈이 딱 마주쳤다.

“에, 그러니까 교장 선생님이 지금까지 말한 것을 한마디로 딱 정리해서 말하자면 위생이라는 것은 과하면 과할수록 좋다는 거예요. 손은 씻으면 씻을수록 좋고 실내화도 자주 빨아 신도록 하자, 바로 이 말이에요.”

딱 한 마디로 정리할 수 있는 걸 왜 20분 넘게 이야기하는지 알 수가 없다.

딱 한 마디로 정리하겠다던 교장 선생님 말은 다시 이어졌다.

"오늘 교장 선생님이 전교생 여러분에게 휴대용 손소독제를 하나씩 선물할 거예요. 몇 달 만에 학교 문을 연 기념이에요. 혹시라도 손을 씻을 수 없는 상황일 때 쭉 짜서 손등까지 꼼꼼히 문지르도록 하세요."

또 손소독제다.

오늘 아침에도 교문 앞에서 손소독제를 받았나. 태권도 체육관에서 아이들을 모집하기 위해 주는 안내장과 함께 나눠 준 선물이었다.

그것 말고도 지금 내 가방 안에는 손소독제가 몇 개 더 있다. 엊그제 오랜만에 엄마와 함께 큰 마트에 갔는데 라면 회사에서 라면을 사는 고객에게 손소독제를 나눠 주었다. 엄마는 집에 잔뜩 있는 그 라면을 또 샀다.

"이런 건 많으면 많을수록 좋아."

엄마는 손소독제가 사은품으로 달려 있는 세제도 샀다. 마트 오픈 20주년 기념품으로 주는 손소독제도 5분 넘게 줄을 서서 받았다. 그리고 그걸 다 오늘 아침에 내 가방에 넣어 주었다. 생각날 때마다 한 번씩 쭉 짜서 쓰라고 말이다.

'손소독제에서는 강한 약품 냄새가 나는데 그걸 많이 써도 괜찮은가? 손에 문제는 없나?'

문득 그런 생각이 들었다. 먹는 약은 복용법이 있다. 하루에 먹는 횟수와 양이 정해져 있다. 복용법 밑에는 정해진 양보다 과다복용할 경우 위험할 수도 있다는 말과 증상 외에는 복용을 금지하라는 안내문구도 있다.

바르는 연고 같은 건 냄새가 강하지 않다. 그리고 비싸서 많이 쓸 수도 없다. 그런데 손소독제는 다르다. 푹푹 눌러 써도 뭐라고 하는 사람이 없다. 건물 입구마다 공짜로 쓸 수 있게 놓여져 있기도 하다. 솔직히 공짜라서 한 번 눌러 써도 될 것을 세 번 눌러서 쓰기도 한다.

"아얏!"

교장 선생님이 이미 모두가 알고 있는 손소독제 사용법을 목소리 높여 설명하고 있을 때였다. 어디선가 처절한 비명 소리가 들려 왔다.

"선생님. 민식이 코피 나요."

성찬이가 손을 번쩍 들고 소리쳤다.

민식이의 코에서 새빨간 피 두 줄기가 흘러내리고 있었다. 말로만 듣던 쌍코피였다.

"어머! 갑자기 왜 쌍코피가 터지니? 학교에 나오지 못하는 동안 공부를 너무 열심히 한 거 아니니?"

선생님이 휴지를 둘둘 말아 쥐고 민식이에게 달려갔다.

"선생님. 민식이는 공부하느라고 피곤해서 터진 코피가 아닌 것 같은데요."

"그럼 왜 갑자기 가만히 앉아 있다가 코피가 터져? 그것도 쌍코피가. 35년 살면서 쌍코피, 쌍코피, 말만 들어봤지 직접 본 건 나도 처음이다."

선생님은 휴지로 코피를 싹싹 문질러 닦은 다음, 새 휴지를 돌돌 말아 민식이의 양쪽 코를 틀어막았다. 그리고 민식이 목을 뒤로 살짝 젖히고 콧잔등을 살살 눌러 주었다. 코피가 터졌을 때 하는 응급조치인 것 같았다.

“오늘 아침에 민식이를 큰길 횡단보도 앞에서 만났거든요. 쌍코피가 터진 조금 전까지, 그러니까 시간으로 따지면 약 한 시간 정도 되지요. 한 시간 동안 민식이는 쉬지 않고 콧구멍을 쑤셨거든요. 이렇게요.”

성찬이는 양손 검지손가락을 콧속으로 집어넣었다. 그러고는 힘차게 콧구멍을 쑤셨다.

“조금 전에는 교장 선생님 말씀을 들으면서 민식이가 졸더라고요. 물론 여전히 콧구멍은 쑤시면서요. 그러다 깜박 잠이 들었던 거지요. 고개가 이렇게 푹 떨어졌겠지요? 아얏.”

민식이 흉내를 내던 성찬이가 두 손으로 코를 감싸 쥐었다. 콧구멍을 쑤셔도 제대로 쑤신 거 같았다.

“성찬이 말이 맞니?”

선생님이 민식이에게 물었다.

“예.”

“왜 코를 그렇게 쑤셔? 손가락을 코나 입에 넣으면 안 좋은데. 세균은 손을 통해 우리 몸에 들어가기도 하거든.”

“저도 알아요. 손을 통해 들어가거나 다른 사람의 침을 통해 들어간다는 거 다 알아요.”

민식이가 코맹맹이 소리로 대답했다.

그건 선생님이나 민식이만 아는 게 아니다. 대한민국 사람 모두가 알고 있다. 아니다. 전 세계 사람들도 다 알고 있는 사실이다. 그래서 바이러스가 출몰했을 때 모두들 마스크를 쓰고 손을 열심히 씻고 또 손소독제를 사용했던 거다.

“잘 알면서 왜 그래?”

“마스크 부작용이에요. 마스크를 하면 입 주변이 간지럽고 코가 가렵기 시작해요. 그래도 어쩌겠어요? 밖에 나갈 때는 마스크를 할 수 밖에 없었잖아요. 몇 달 그러다 보니 이제 마스크를 쓰지 않아도 코가 가려워요.”

그건 민식이의 말이 맞다. 마스크를 하지 않고 밖에 나가면 모두 의심의 눈초리로 바라봤다. ‘혹시? 저 사람에게 전염되는 거 아닌가’ 이런 눈초리 말이다.

꼭 다른 사람들 눈치 보느라고 마스크를 쓰는 것은 아니다. 깜박 잊고 마스크를 하지 않고 나가면 꼭 발가벗고 밖에 나온 느낌이 들었다. 온갖 나쁜 세균들이 몸에 다닥다닥 붙는 그런 기분도 들었다. 옆으로 지나가는 사람이 기침만 해도 심장이 쫄깃쫄깃해졌다.

"그래. 예민한 사람은 그렇다고 들었어. 민식이가 고생 많았구나. 이제 마스크를 벗었으니까 서서히 알레르기도 사라지겠지. 콧속이 가려워도 좀 참아 봐. 정 못 참겠으면 손소독제로 손가락을 소독한 다음 쑤시고. 알았지?"

선생님 말을 듣는데 아까 들었던 생각이 또 떠올랐다. 손소독제는 많이 써도 괜찮은가?

"선생님."

나는 참지 못하고 손을 번쩍 들었다.

"손소독제는 아무리 많이 써도 괜찮아요? 안전해요?"

"야! 너는 손소독제를 의심하냐? 그리고 나동지 너, 손소독제를 물처럼 많이 쓸 수 있어? 요즘 공짜로 줘서 그렇지 앞으로는 돈 주고 사서 써야 할 텐데, 별걱정을 다 한다."

선생님이 대답할 틈도 주지 않고 정호가 말했다. 듣고 보니 그 말이 맞았다. 앞으로 계속 손소독제를 공짜로 쓸 수는 없을 거다.

"그런데 교장 선생님 말씀이 언제 끝났니?"

선생님이 갑자기 생각났다는 듯 물었다. 그러고 보니 교장 선생님 목소리가 들리지 않았다.

"조금 전에 끝났어요. 한참 손소독제 얘기하고 있을 때."

오하얀이 말했다.

"그래? 민식이가 코피를 흘리는 바람에 정신이 없었네. 교장 선생님이 뭐 특별한 말씀은 하지 않으셨니?"

선생님은 코피를 닦은 휴지를 모아 쓰레기통에 버리며 물었다.

"손소독제를 전교생에게 선물하겠다고 하셨어요."

"그 말까지는 들었지."

"음식도 함부로 먹지 말라고 했어요. 특히 길거리에서 먼지와 다른 사람들 침을 듬뿍 뒤집어 쓴 음식은 안 먹는 게 최고라고요. 앞으로 지구인들은 새로운 바이러스와 끊임없는 전쟁을 치러야 할 수도 있대요. 지구 온난화로 생태계가 깨지면서 여러 가지 문제가 발생하는데 그중 하나가 예상할 수 없는 힘을 가진 바이러스의 출몰이래요. 바이러스마다 각각 다른 힘을 가지고 있기 때문에 거기에 대응하려면 시간과 연구가 필요한데 연구 결과가 나오기 전까지 사람이 자신을 지킬 수 있는 길은 오직 청결뿐이라고요."

나는 놀라서 오하얀 입을 바라봤다.

오하얀이 똑똑해졌다. 저렇게 어렵고 긴 말을 단박에 알아듣고 외우는 오하얀이 아니었다. 바이러스 때문에 몇 달 제대로 못 만난 사이 엄청나게 달라졌다.

그렇다고 해서 오하얀이 멍청했다는 말은 아니다. 오하얀은 정의감으로 똘똘 뭉친 아이였다. 그래서 불의를 보면 절대 그냥 넘어가지 못하고 바른말도 잘하는 멋진 면이 있는 아이다. 오하얀이 하는 말은 언제나 옳았다. 속이 다 시원할 때도 있었다.

하지만 바른말을 잘하는 것은 똑똑한 것과는 좀 다르다. 오하얀은 교장 선생님이나 담임 선생님이 하는 말을 저렇게 정리정돈해서 말하지는 못하는 아이였다.

“한 마디로 정리하자면 음식을 먹기 전에 의심하자는 말씀이세요.”

오하얀이 똑부러지게 말했다.

“참 좋은 말씀을 하셨구나. 다들 교장 선생님 말씀을 명심하도록.”

선생님은 뒤로 젖혔던 민식이의 머리를 도로 제자리로 바

바이러스
…전쟁…
지구 온난화
…생태계
…보호
연구…

로 세웠다.

“이제 괜찮다. 쌍코피는 완전하게 멈췄어.”

선생님은 만족한 얼굴로 싱긋 웃었다.

선생님이 몸을 돌리자 민식이의 손가락이 기다렸다는 듯 다시 콧구멍을 향해 돌진했다.

“선생님. 민식이 또 콧구멍 쑤셔요.”

홍민정이 손을 번쩍 들고 말했다.

“도저히 참을 수가 없어요. 콧구멍 안에 다리가 백 개 달린 벌레 수십 마리가 들어앉아 있는 거 같아요. 그 다리를 쉬지 않고 버둥거리며 코털을 건드리는 거 같다고요.”

민식이는 괴로운 표정이었다. 가느다란 다리 수백 개, 아니 수천 개가 좁은 콧구멍 안에서 버둥거리는 상상을 하자 나도 코가 간지러워졌다.

“야, 그래도 참아야지. 네가 나쁜 바이러스에 감염이라도 되면 우리까지 큰일 나는데.”

정호가 두 주먹을 불끈 쥐고 소리쳤다.

“선생님 걱정하지 마세요. 제가 민식이를 감시할게요.”

성찬이가 말했다. 감시한다는 말에 민식이가 얼굴을 찡그렸다.

"우리 상대편이 기분 상할 그런 말은 쓰지 말도록 하자. 감시라는 말 속에는 의심이라는 말이 숨어 있어. 의심을 받고 기분 좋을 사람은 아무도 없단다."

선생님 말은 구구절절 맞았다.

그동안 서로 의심하다 싸움이 일어난 사람들의 사연을 뉴스에서 많이 봤다. 왜 마스크를 쓰지 않고 다니느냐, 혹시 일부러 바이러스를 퍼뜨리려고 그러는 거 아니냐, 왜 내 얼굴에 대고 기침을 하는 거냐, 내가 바이러스에 전염되면 책임질 거냐, 이러면서 처음 보는 사람끼리 버스에서도 싸우고 지하철 안에서도 싸웠다고 했다.

"서로서로 기분 좋아지는 예쁜 말만 하기. 마음속에 있는 의심은 다 털어내기, 알았지?"

선생님이 활짝 웃으며 말했다.

"홍민정. 네 라이벌 생겼다. 오하얀이 되게 똑똑해졌어."

쉬는 시간에 성찬이가 홍민정에게 말했다. 홍민정이 얼굴을 찡그렸다.

뒤죽박죽, 엉망진창

급식실 앞에 교장 선생님이 서 있었다.

"손은 다들 씻고 왔나요?"

교장 선생님은 아이들 한 명 한 명에게 물었다. 손을 씻지 않은 아이는 씻고 오라고 했다.

급식실 안으로 들어온 나는 내 눈을 의심했다. 밥과 반찬을 나눠 주고 있는 도우미 선생님들 사이에 오하얀 할머니가 있었기 때문이다.

"여긴 어쩐 일이세요?"

오하얀 할머니가 급식 도우미 선생님이라니, 반갑기도 하고 신기하기도 했다.

"어쩐 일은 무슨 어쩐 일? 오늘부터 학교에서 급식 도우미를 하게 되었지. 먼저 하던 양반이 갑자기 그만두게 되었거든.

학교 홈페이지에 급식 도우미를 구한다는 글이 떴기에 잽싸게 신청했지."

"할머니도 인터넷 할 줄 아세요?"

오하얀 할머니가 우리 학교 급식 도우미 선생님이 된 것도 놀라웠지만 인터넷을 한다는 사실도 놀라웠다.

오하얀 할머니는 인터넷에는 까막눈이었다. 예전에 오하얀 할머니가 직접 그런 말을 했었다. 언젠가 오하얀 할머니가 '황 선생 반찬 교실'의 콩나물 무침 레시피를 엄마에게 물어보러 왔었다. 텔레비전에서 보니 아주 맛나 보이더라면서 말이다. 황 선생은 반찬의 대가이다. 우리가 자주 먹지 못하는 이름도 어려운 요리를 만드는 사람이 아니다. 매일 먹는 반찬을 한 단계 업그레이드 시키는 사람이라고 했다.

"인터넷에 '황 선생 반찬 교실 콩나물'이라고 치면 레시피가 나와요."

엄마는 친절하게 설명했었다. 그때 오하얀 할머니가 그랬었다.

"나는 인터넷에는 까막눈이야. 어떻게 하는 줄 몰라."

그랬던 오하얀 할머니가 홈페이지에 들어가서 급식 도우미 선생님을 구한다는 정보를 알아내고 취직을 하다니, 귀신이 곡할 노릇이다.

"야. 빨리빨리 받아. 뒤에서 기다리잖아?"

성찬이가 내 등을 밀었다.

그때 오하얀이 급식실로 들어오는 게 보였다. 자기 할머니와 눈이 마주친 오하얀이 빙긋 웃었다.

'오하얀한테는 얼마큼 퍼 주나 봐야지.'

나는 식판을 들고 한쪽으로 비켜 서서 오하얀을 지켜봤다.

내가 그럴 줄 알았다.

오하얀 할머니는 오하얀 식판에 돈가스를 산더미처럼 쌓아 올렸다. 대신 오하얀이 싫어하는 오이무침은 달랑 하나만 놔 주었다.

오하얀과 오하얀 할머니가 무슨 말인가 했다. 그러자 오하얀 앞에 섰던 홍민정이 획 돌아봤다. 그러고는 샐쭉한 표정으로 뭐라고 한마디 했다. 홍민정이 하는 걸 보니 무슨 상황인지 대충 짐작이 갔다.

오하얀 할머니는 오하얀에게 돈가스를 잔뜩 퍼 담아 주며 많이 먹으라고 했을 거다. 그러자 오하얀이 더 달라고 했을 테고 홍민정이 돌아보며 그만 받으라고 했을 거다.

오하얀은 산더미처럼 쌓아 올린 돈가스를 소스까지 싹싹 긁어 먹었다.

'그런데 오하얀 할머니가 급식 도우미 선생님이 된 걸 우리 할머니는 알고 있을까?'

할머니와 오하얀 할머니는 비밀 하나 없는 친구 사이인데 이상했다. 할머니가 알고도 깜박 잊고 우리한테 말해 주지 않은 건가. 그런 생각도 들었다.

점심을 먹고 교실로 들어왔을 때 교장 선생님이 또 방송을 했다.

"에, 오늘 급식실 앞에서 손 검사를 해 본 결과 깜박 잊고 손을 씻지 않고 온 사람이 아주 많았어요. 손을 씻는 건 절대로 깜박 잊어서는 안 될 일이에요. 알았지요? 지금 밥 먹고 교실로 간 사람들도 바로 손 씻으세요. 손에 반찬 국물 같은 게 묻어 있을 수 있어요. 그리고 반찬 냄새 때문에 자기도 모르게 손가락을 쪽쪽 빨게 되는 일이 발생할 수도 있어요."

교장 선생님 말씀은 정확했다. 손에서 돈가스 소스 냄새가 났다. 아이들이 우르르 화장실로 몰려갔다.

전교생이 한꺼번에 화장실로 몰리자 그야말로 북새통이었다. 화장실마다 아이들이 떠드는 소리로 터져 나갈 것 같았다. 학교에 제대로 오지 못한 몇 달 동안 질서와 규칙은 까마득하게 잊어버린 건지 줄도 제대로 서지 않았다.

"나동지, 네가 증인 좀 되어 줘."

내 앞에 서서 내가 먼저 왔다, 아니다, 내가 먼저 왔다 이러고 다투고 있던 정호가 말했다.

"무슨 증인?"

아닌 밤중에 홍두깨도 아니고 손 씻으러 왔는데 증인이 되어 달라니.

"내가 먼저 왔냐? 성찬이가 먼저 왔냐?"

줄을 몇 백 미터 서는 것도 아니고 일찍 왔든 늦게 왔든 바로 앞뒤구만, 참 싸울 일도 되게 없고 증인 서 달랄 일도 되게 없다. 누가 일찍 왔고 누가 늦게 왔는지 정 밝혀 내기 힘들면 둘이 나란히 서서 사이좋게 씻으면 되는 거지.

"몰라. 못 봤어."

"너는 바로 뒤에 있으면서 그것도 못 봐?"

정호가 공연히 나한테 짜증을 부렸다. 가만 생각해 보니 억울했다. 나는 정호와 성찬이보다 늦게 화장실로 들어왔다. 정호와 성찬이는 나보다 먼저 화장실에 와서 서 있었다는 말이다. 그런데 내가 무슨 수로 그걸 본담.

"내가 너희들보다 늦게 왔잖아."

나는 한숨을 쉬었다.

"나동지, 네가 이해해라."

성찬이가 내 어깨에 손을 올리고 말했다.

뭐 대단한 일이라고 이해까지 해야 하나. 나는 어깨를 으쓱 올려 보였다.

"정호가 마스크 사려고 줄을 서던 경험 때문에 순서에 예민한 거 같아."

성찬이가 한마디 더 했다.

"좋은 수가 있어. 둘이 가위바위보 해."

그때 내 뒤에 서 있던 해창이가 말했다. 별수 없었다. 누가 생각해도 가위바위보가 아니면 순서를 가려내기 어려운 상황이었다. 성찬이와 정호는 가위바위보를 했다.

"삼세판이다."

해창이가 말했다. 신기하게도 성찬이와 정호는 세 번 연달아 똑같이 가위를 냈다.

"가위바위보 하다가 시간 다 가겠다. 그냥 둘이 같이 씻어라."

해창이가 성찬이와 정호를 나란히 세면대 앞에 세웠다. 하지만 그게 끝이 아니었다. 정호는 물을 제일 세게 틀려고 했고 성찬이는 그러면 물이 튄다고 세기를 약하게 하자고 했다. 겨

우 중간 세기로 합의를 봤다. 그러고 나더니 이번에는 비누를 가지고 싸웠다. 정호가 비누를 계속 손바닥에 문지르자 성찬이는 빨리 내놓으라고 재촉했다.

"에이, 짜증 나."

정호가 비누를 세면대 바닥에 짓이겼다. 그 바람에 세면대 물이 빠지지 않았다.

물은 콸콸 세면대를 넘쳐 순식간에 화장실 바닥으로 흘러내렸다.

"와. 이게 뭐냐?"

그때 화장실로 들어오던 민식이의 눈이 휘둥그레졌다. 휘둥그레졌던 민식이의 눈은 곧 반달 모양으로 변했다. 민식이는 일부러 첨벙거리며 물을 튀게 했다.

"민식이 너 마침 잘 왔다. 손 씻어라."

성찬이가 자리를 양보했다. 그러는 동안에도 세면대에는 물이 넘쳤고 화장실 바닥은 점점 홍수라도 난 듯 물이 차올랐다.

"하도 시끄러워서 무슨 일인가 했더니 이게 뭐야? 이건 절대 5학년 화장실에서 일어날 수 없는 일이야."

화장실 밖에서 홍민정이 고개를 들이밀고 말했다.

그건 홍민정 말이 맞았다. 이건 1학년 아이들이나 하는 짓이다. 아니지, 규칙과 질서를 알고 있다면 1학년 아이들도 이러지는 않을 거다.

나는 손을 씻지 않은 채 화장실에서 나왔다. 손은 안 씻었는데 양말과 실내화는 흠뻑 젖어 있었다.

교실은 엉망진창이 되었다. 흠뻑 젖은 실내화로 일부러 쿵쿵 걸어다닌 탓에 바닥은 물로 흥건했다. 아이들은 물을 닦는다면서 걸레를 스케이트처럼 타고 다녔다.

"역시 학교가 좋다. 매일 학교에 오니까 너무너무 재밌어."

아이들은 제대로 신이 났다.

"야, 내가 오늘 물 스케이트의 실력을 보여 주지."

성찬이가 책상을 한쪽으로 몰았다. 그리고 걸레를 접어 바닥에 던진 다음 한쪽 발을 걸레 위에 냉큼 올렸다.

"보여 줘, 보여 줘."

해창이가 응원했다. 그러자 남자 아이들이 모두 입을 모아 성찬이를 응원했다.

"간다."

5-2
5-2
○○○
5-3
○○○

성찬이는 쌔앵 앞으로 나갔다. 대단한 속도였다. 감탄하려는 바로 그 순간!

퍼억.

“으악.”

마침 교실 앞문으로 들어오던 선생님과 성찬이가 부딪혔다. 성찬이는 넘어지지 않으려고 선생님을 와락 끌어안았다. 성찬이를 끌어안은 선생님도 넘어지지 않으려고 애쓰다 그만 뒤로 벌러덩 넘어졌다.

교실 안은 삽시간에 고요해졌다. 아이들은 보고도 믿지 못할 상황에 숨을 죽였다.

“아이고, 허리야.”

허리를 잡고 일어나던 성찬이는 그제야 자신이 무슨 일을 저질렀는지 알았다. 누운 채 괴로워하는 선생님을 보고 성찬이는 어쩔 줄 몰라 했다.

“선생님, 죄송해요.”

잠시 후 정신을 차린 성찬이는 선생님 손을 잡아끌었다. 선생님은 성찬이의 손에 이끌려 엉거주춤 일어났다.

“진짜 죄송해요.”

성찬이는 고개를 숙였다.

선생님은 대답 대신 교실을 둘러봤다. 도저히 공부하는 곳이라고는 말하기 미안한 교실을 보자 선생님 입에서 한숨이 새어 나왔다. 아이들이 선생님 눈치를 보며 재빨리 책상을 정리했다. 그리고 엎드려서 걸레로 교실 바닥의 물기를 싹싹 닦았다.

절뚝절뚝 걷는 선생님을 보자 성찬이는 거의 절망에 가까운 얼굴이 되었다. 선생님을 다치게 한 학생이 되게 생겼으니 당연했다.

"제, 제, 제가 일부러 그런 게 아니고 너무 신이 나서 저도 모르게……."

성찬이가 울먹였다.

"알았다. 네 잘못이 아니야."

선생님이 의자에 앉으며 말했다.

"바이러스 때문이지. 바이러스 때문에 생활습관이 느슨해졌어. 규칙도 깨지고 말이야. 제자리로 돌아가기까지는 시간이 좀 걸리겠지. 선생님도 각오하고 있어. 선생님이 한 번 더 당부하고 싶은 건 다시는 이런 일이 반복되지 말아야 한다는 거야. 물론 앞으로 더 강력한 다른 바이러스가 또 올 수 있어. 그것에 대비하는 것 중 하나가 위생이야. 알았지?"

"예."

선생님을 절뚝거리게 만들어 미안한지 대답 소리가 교실 천장을 뚫고 나갈 것 같았다.

바이러스가 남긴 서먹서먹

"104호가 학교 급식 도우미가 되었다고?"

할머니 눈이 커졌다. 할머니도 전혀 모르고 있는 것 같았다.

"어머. 오하얀 할머니 대단하시다. 학교 급식 도우미는 경쟁률이 치열한데 거길 어떻게 들어가셨대?"

엄마가 감탄했다.

"학교 홈페이지에서 급식 도우미 선생님을 구한다는 글을 보고 재빨리 신청하셨대."

"으잉? 104호가 인터넷을 한다고?"

"오하얀 할머니가 인터넷을 하셔?"

할머니와 엄마가 동시에 말했다. 오하얀 할머니가 학교 급식 도우미 선생님으로 취직한 것도 인터넷을 할 줄 아는 것도 할머니와 엄마는 모르고 있었던 모양이다.

"어찌 된 사실인지 104호한테 물어봐야겠다."

할머니는 당장 104호로 달려갔다. 하지만 오하얀 할머니는 아직 집에 돌아오지 않았다. 궁금한 걸 바로 물어보지 못하자 할머니는 더 궁금한 모양이었다. 할머니는 빌라 입구 계단에 앉아서 오하얀 할머니를 기다렸다.

"참 신기하다. 104호가 무슨 수로 인터넷을 할 줄 알지? 그리고 104호는 음식 솜씨라고는 아예 없는 사람인데 어떻게 급식 도우미로 취직을 했지?"

오하얀 할머니는 한 시간쯤 지나서 뭔가 가득 들어 있는 시장바구니를 들고 나타났다.

"이제 오는 거여?"

할머니가 자리를 털고 일어났다.

"동지 할머니는 왜 거기에 앉아 있어?"

오하얀 할머니가 물었다.

할머니와 오하얀 할머니 사이에 뭔지 모를 어색함이 흘렀다. 말로 표현할 수는 없지만 분명히 그랬다.

다른 때 같으면 할머니는 '이제 오는 거여? 무겁게 뭘 그렇게 들고 와' 이러면서 시장바구니를 받아 들었을 거다. 허리도 안 좋은 사람이 무거운 거 들고 다닌다고 걱정하면서 말이다. 그러면 오하얀 할머니는 시장바구니를 뒤적여 뭐라도 찾아 할머니 손에 쥐여 주었을 거다. 그게 내가 아는 할머니와 오하얀 할머니의 평소 모습이다.

'싸웠나?'

문득 그런 생각이 들었다.

"104호, 인터넷 할 줄 알아?"

"응. 배웠어. 그 뭐냐. 바이러스 때문에 온라인 개학인가 뭔가 했잖어. 그게 아이들 개학이 아니고 어른들 개학이더라고. 내가 뭘 알아야 하얀이도 공부를 시키지. 배워 보니 할 만하더구먼."

"바이러스 때문에 문화센터 같은 데도 다 문을 닫았었는데 어디서 배웠어?"

"독학했지."

오하얀 할머니는 자랑스럽게 말했다.

혼자 인터넷을 배웠다는 말에 할머니는 할 말을 잃은 듯 오하얀 할머니를 멍하니 바라봤다. 도무지 믿을 수 없다는 표정이었다.

“동지야. 인터넷을 혼자 배우는 게 쉽냐?”

할머니가 물었다.

“많이 어렵지는 않아요. 하지만 할아버지, 할머니들은 어려워한다고 들었어요.”

“흠흠. 그래?”

예전 같았으면 할머니는 오하얀 할머니가 독학으로 인터넷을 정복했다고 하면 ‘역시 104호는 똑똑혀’ 이러고 폭풍 칭찬을 했을 거다. 그런데 오늘은 그러지 않았다.

“학교에 취직도 했다면서?”

“응. 급식 도우미로.”

“104호 음식 잘 못 하지 않어?”

“배웠어. 황 선생 반찬 교실 사이트에 들어가서 레시피를 찾아보고 배웠지.”

바이러스로 집에 갇혀 지내는 몇 달 동안 오하얀 할머니는 완전히 다른 사람이 되어 있었다.

“황 선생 그 양반 정말 대단하더라고. 콩나물을 고기 반찬보다 더 맛나게 하는 방법을 알고 있더라니까. 황 선생 레시피대로만 하면 양념간장도 입에 착착 달라붙어. 다른 반찬 없이 간장에 밥만 비벼 먹어도 일류식당 음식 저리 가라여. 아이고 목 말라라.”

자랑하느라고 목이 멘 오하얀 할머니는 시장바구니에서 음료수 하나를 꺼내 ‘탁!’ 소리가 나게 땄다. 그러더니 마시려다 말고 할머니를 향해 음료수를 내밀었다.

“동지 할머니도 한 입 마셔 볼텨?”

예전 같으면 음료수 깡통을 통째로 할머니 손에 들려주며 시원하게 다 마시라고 말했을 거다.

“아니, 됐어. 나는 집에 가서 물 마시면 되지 뭐. 그나저나 앞으로 104호 얼굴은 제대로 볼 수도 없겠구먼. 눈만 뜨면 학교로 갈 테니.”

“앞으로 석 달은 그럴 거여. 석 달 계약직이거든.”

오하얀 할머니는 현관문을 열고 쏙 들어가 버렸다.

“오하얀 할머니 만나셨어요?”

할머니와 내가 집으로 들어가자 엄마가 물었다.

“사람이 어쩌면 그럴 수가 있냐? 인터넷을 배우고 싶으면 나도 같이 배우자고 해야 하는 거 아니냐? 급식 도우미인지 뭔지 취직하려고 마음먹었으면 나한테 미리 얘기는 해 주어야 하는 거 아니냐고. 진짜로 104호한테 섭섭하다. 그리고 좀 전에는 어떤 줄 아나? 음료수를 딱 한 통만 따는 거다. 그러더니 나보고 한 입 먹으란다. 너 같으면 치사해서 먹겠냐? 104호가 변했다. 완전히 변했어. 이제 친구도 아닌 거 같다."

할머니는 아주아주 많이 섭섭한 거 같았다. 솔직히 내가 봐도 음료수는 너무했다. 그깟 음료수 얼마나 한다고. 딱 봐도 원플러스원 행사하는 음료수던데 하나 통째로 주면 어때서.

"어머니. 그동안 바이러스 때문에 서로 만나지 못했잖아요. 바로 앞집에 살아도 외국에 사는 거처럼 아예 등지고 살았잖아요."

"그러고 싶어서 그랬냐? 혹시 바이러스에 전염될까 봐 서로 조심한 거지."

"그러니까요, 어머니. 매일 보다가 그렇게 몇 달을 얼굴도 제대로 보지 못하고 지냈으니까 좀 서먹서먹했겠지요. 생각해 보니 오하얀 할머니가 인터넷을 배운 거는 하얀이 온라인 수업 때문에 그러셨을 거 같아요. 어머니는 굳이 인터넷을 배우실 필요가 없었잖아요."

"그럼 좋다. 인터넷은 그렇다고 치자. 학교에 취직한 거는?

나한테도 정보를 줘서 나란히 취직하면 좀 좋아.”

“얼굴을 못 보니 그런 말을 전달할 기회도 없었던 거지요. 그러니까 다 바이러스 탓이라고 생각하고 화 푸세요.”

엄마가 자꾸 오하얀 할머니 편을 들었다. 이왕이면 할머니 편을 들면 좋을 텐데.

“너는 왜 자꾸 104호 편을 드냐?”

할머니가 화를 냈다. 내가 저럴 줄 알았다. 우리 할머니는 착하다. 오하얀 할머니가 아무리 화를 내도 할머니는 좀처럼 화를 내지 않았다. 하지만 착한 사람도 누가 상대편 편만 자꾸 들면 화가 나는 건 당연하다.

“나동지.”

할머니가 갑자기 내 이름을 불렀다.

“오하얀하고 너는 어떠냐?”

“오하얀하고 제가 뭐요?”

“너는 아직 오하얀하고 친하냐는 말이여? 몇 달 동안 서로 얼굴도 못 보고 지낸 거는 너랑 오하얀도 똑같은데 둘 사이는 어떻냐는 말이지.”

“아휴, 어머니. 애들은 달라요. 애들은 몇 달 얼굴 안 봤다고 해서 서먹서먹한 사이가 되지 않아요. 그래서 애들이라고 하잖아요. 학교 생활도 친구 관계도 애들은 아무 문제 없어요."

내가 대답도 하기 전에 엄마가 먼저 말했다.

엄마는 모른다. 우리도 문제 많다. 하지만 나는 엄마 말에 아무 말도 하지 않았다. 공연히 문제가 있다고 하면 무슨 문제냐고 꼬치꼬치 물을 거다.

방으로 들어왔을 때 성찬이에게 문자가 왔다.

나동지, 큰일 났어. 해창이가 엄마랑 마트에 가다가 봤는데
우리 선생님이 병원으로 들어가더래. 큰 마트 옆에
정형외과 있거든. 설마 뼈가 부러진 건 아니겠지?

아까 넘어진 세기로 봐서는 뼈가 부러지고도 남을 정도였다.

우리 엄마, 아빠가 알면 큰일이야.
선생님이 엄마한테 전화하겠지?

뼈가 부러진 게 사실이라면 선생님은 학교에 올 수 없다. 그러면 엄마, 아빠들도 선생님이 학교에 오지 못하는 이유를 알게 될 거다. 그 이유에서 성찬이는 절대 빠질 수가 없다. 선생

님이 일부러 성찬이 엄마에게 전화를 하지 않아도 자연스럽게 알게 될 일이다.

성찬이가 걱정을 하도 많이 해서 직접 만나 위로해 주려고 집에서 나왔다.

오하얀이 빌라 입구로 들어서고 있었다. 얼굴이 벌겋게 달아오르고 콧바람을 씩씩 내뿜는 걸 봐서 화가 엄청 난 거 같았다.

"왜 그래?"

그냥 모른 척할까 하다가 아무래도 그래서는 안 될 거 같았다.

"홍민정이랑 싸웠어. 아까 점심시간에 화장실에서 1차로 싸웠는데 청소하면서 2차로 싸우고 집으로 오는 길에 3차로 또 싸웠다."

무슨 일로 싸웠냐고 묻기도 전에 오하얀은 콧바람을 내뿜으며 현관문을 부서져라 닫고 들어갔다.

오하얀도 변했다. 분명히 변했다. 다른 때 같으면 나를 붙잡고 홍민정과 왜 싸웠는지 주절주절 다 늘어놨을 거다. 그러면서 '나동지, 너는 내 편을 들어야 해. 왜냐하면 앞집에 사니까, 그리고 친하니까' 이러면서 협박도 했을 거다.

'바이러스는 사람들 생명만 앗아 간 게 아니야.'

뉴스는 날마다 전 세계에서 몇 명이 바이러스 때문에 사망했고 우리나라에서는 몇 명이 사망했는지 알려 주었다. 그리고 몇 명이 입원하고 몇 명이 퇴원했는지도 알려 주었다. 그래서 그때는 바이러스가 사람의 생명을 앗아 가는 줄만 알았다. 하지만 아니었다.

'의심하는 새로운 병도 주고 규칙과 질서도 다 엉망진창으로 만들고 친한 사람도 서먹서먹하게 만들었어.'

바이러스는 생각했던 것보다 훨씬 더 강력한 힘을 가지고 있었다.

'진짜 손 열심히 씻어야겠어.'

다시는 바이러스의 침범을 받아서는 안 된다는 생각도 들었다.

그저 그런 선물

선생님은 다행히 뼈가 부러지진 않았다. 선생님이 멀쩡한 모습으로 교실로 걸어 들어오자 성찬이는 두 손을 모아 쥐고 허공을 향해 싹싹 비비며 '고맙습니다, 고맙습니다' 중얼거렸다.

"누구한테 그러는 거냐?"

나는 성찬이가 하는 짓이 하도 이상해서 물었다.

"나도 몰라. 누구한테 고마운 건지. 그냥 다 고마워. 내가 어제 잠도 못 자고 얼마나 빌었는 줄 알아? 하느님에 부처님, 신령님까지 총출동했어. 우리 집 고양이 다리에게도 제발 좀 도와달라고 말했어."

감격에 겨워 그런지 성찬이의 목소리가 약간 떨렸다. 고양이 다리에게까지 그랬다니 성찬이가 속을 얼마나 끓였을지 짐

작할 수 있었다.

하긴 얼마나 애를 태웠는지 성찬이 몰골에서도 고스란히 드러났다. 하루 사이에 살이 쏙 빠져 턱선이 갸름하게 나타났다. 눈 밑에는 다크 서클이 진하게 깔려 있었다.

"어제부터 내 꿈도 바뀌었다. 여태까지 쭉 셰프가 꿈이었는데 과학자가 되기로 결심했어. 바이러스와 싸우는 과학자 말이야. 앞으로도 신종 바이러스는 끊임없이 나올 거라고 그러잖아? 나는 그 바이러스를 침몰시킬 백신을 만들 거다. 백신의 제왕이 될 거란 말이지."

백신의 제왕이라니. 정말 거대한 꿈이다.

'네가 무슨 수로 백신을 만드는 과학자가 되겠니? 그러려면 당장 공부부터 잘해야 할 텐데.'

나는 이렇게 말하고 싶은 걸 꾹 참았다. 앞으로 신종 바이러스가 수시로 출몰한다면 백신을 만드는 과학자는 많으면 많을수록 좋다.

교실로 들어온 선생님은 큰 종이가방에서 포장된 작은 상자 여러 개를 탁자 위에 꺼내 놓았다.

"그게 뭐예요?"

민식이가 콧구멍을 쑤시며 물었다.

성찬이가 벌떡 일어나더니 손소독제를 들고 민식이에게 달려갔다. 성찬이는 다짜고짜 민식이 손가락을 잡아당겨 손소독제를 듬뿍 발라 주었다.

"선물이야. 각각 상자에 이름이 쓰여 있어. 성찬아. 이거 아이들에게 나눠 줄래?"

선물이라는 말에 자리로 돌아오던 성찬이가 주춤했다.

"나눠 주라니까."

"교장 선생님이 주는 손소독제 선물은 아까 아침에 중앙현관에서 받았는데요?"

"이건 선생님이 주는 선물이야."

"왜요?"

성찬이 눈이 동그래졌다.

"혹시 오늘이 무슨 날이에요?"

민식이가 물었다.

"아니, 아무 날도 아니야. 그냥 너희들이 고마워서 주는 선물이야."

고맙다는 말에 교실은 술렁거렸다 성찬이 얼굴이 급속히 어두워졌다. 선생님과 부딪힌 사건이 바로 어제 일이다. 그런데 야단을 쳐도 모자랄 판에 선물이라니.

"선생님. 그러지 마시고 그냥 야단을 쳐 주세요."

성찬이 얼굴이 벌겋게 달아올랐다.

"맞아요. 선생님 어제 병원도 다녀오셨잖아요? 야단치세요. 야단맞을게요."

해창이도 말했다.

"아니야. 너희들이 무슨 오해를 한 것 같은데 진짜 고마워서 주는 선물이야. 선생님은 너희들 얼굴만 보고 있어도 고마워. 사실 선생님도 전에는 너희들을 이렇게 마주 보고 있는 게 얼마나 고마운 일인지 몰랐거든. 말썽을 부릴 때마다 화가 나고 한숨이 절로 나왔지. 어떻게 하면 말썽을 못 부리게 할까, 어떻게 야단을 쳐야 눈물을 쏙 빠지게 만들 수 있을까, 밤새워가며 고민도 많이 했어. 그런데 바이러스 때문에 몇 달 제대로 못 만나는 동안 그냥 매일 보는 것만으로도 얼마나 고마운 건지 알게 되었단다. 성찬아, 빨리 나눠 줘."

"선생님. 아무리 그래도 그렇지 우리도 양심은 있거든요."

성찬이가 고개를 저었다.

"맞아요. 선생님을 뒤로 벌러덩 넘어지게 만들어 놓고 양심 없이 선물을 받을 수는 없어요."

해창이가 두 손을 내저었다.

"선생님 마음이니까 받아. 선물은 자꾸 사양해도 실례인 거 알지? 자꾸 이러면 선생님이 화낼 거야."

선생님의 화낸다는 말에 성찬이는 어쩔 수 없다는 듯 선물 상자에 적힌 이름을 부르며 선물을 나눠 주었다.

선물은 손수건이었다. 흰색 바탕에 남자아이들은 나뭇잎이 수놓아져 있고 여자아이들은 노란 꽃이 수놓아져 있었다. 그리고 귀퉁이에는 색실로 이름이 새겨져 있었다.

선물이 손수건인 걸 확인한 아이들 얼굴에는 실망한 기색이 역력했다. 선물이라니까 이왕이면 좋은 걸 받고 싶었던 거다. 정말 다들 양심도 없다.

"선생님이 너희들 얼굴을 한 사람 한 사람 떠올리면서 이름을 새겼어."

"감동이에요."

그때 홍민정이 두 손을 모아 쥐며 말했다. 홍민정은 색실로 한 땀 한 땀 글씨를 새긴 실력에서 장인의 숨결이 느껴진다는 말을 했다. 장인의 숨결은 또 뭐람. 말뜻은 잘 모르겠지만 콧소리 맹맹거리며 말하는 폼으로 봐서 좋은 말인 건 확실하다.

오하얀이 홍민정을 흘겨봤다.

"그런데 선생님, 뭣 좀 여쭤봐도 돼요?"

성찬이가 슬며시 손을 들었다.

"그래, 물어봐."

"왜 하필 손수건 선물이에요? 우리 엄마가 그러는데 손수건은 헤어질 때 선물하는 거라고 하던네요. 헤어지면 눈물이 날 테니까 눈물 닦을 때 쓰라고요."

아무 선물이나 다소곳이 고맙게 받아야 할 처지에 손을 들고 물어보는 걸 보면 궁금해도 엄청나게 궁금한 모양이었다.

"너는 그것도 모르니? 5학년이나 되었으면 시시콜콜 설명하지 않아도 척 알아들어야 하는 거 아니니? 손을 씻고 나서 사용하라는 뜻이야. 맞지요, 선생님?"

홍민정 턱이 거만하게 올라갔다.

"맞아. 손을 씻는 것만큼 중요한 게 물기를 닦는 거거든."

선생님이 홍민정을 향해 활짝 웃었다. 그러자 홍민정 턱은 더 이상 올라갈 곳이 없을 정도로 치솟았다.

"장인의 숨결은 무슨 뜻이냐?"

쉬는 시간에 해창이가 홍민정에게 물었다. 궁금해도 그냥 좀 참고 있다가 나중에 수업 끝나고 나서 인터넷으로 검색해 보면 될 것을.

"궁금해? 궁금하면 말해 줄까?"

홍민정 턱이 다시 올라갔다.

"해창이 재는 생각이 있는 거니, 없는 거니? 아주 잘난 척하라고 돗자리를 확 펴 주네."

오하얀이 못마땅한 표정으로 중얼거렸다.

홍민정은 교실 앞으로 나가라는 말은 아무도 하지 않았는데 앞으로 나갔다. 해창이가 펴 준 돗자리는 아주 넓었다. 앞으로 나간 김에 실컷 잘난 척하게 생겼다.

"장인이란 실력이 뛰어난 기술자야. 그러니까 선생님이 새긴 글씨는 수놓는 일에 있어서 실력이 뛰어난 사람의 솜씨와 같다는 말이지. 알았니?"

생각보다 잘난 척이 간단했다.

"웬일이래? 아는 게 별로 없었나 보네."

오하얀이 콧방귀를 뀌었다. 어제 3차까지 싸웠다더니 아직 덜 싸운 표정이었다.

오하얀은 홍민정을 싫어한다. 무턱대고 싫어하는 건 아니다. 이유가 있다.

홍민정은 아는 게 많은 아이다. 그렇다고 해서 공부를 잘하는 건 아니다. 공부를 잘하는 것과 아는 게 많은 것은 다르다. 어디서 정보를 얻어 오는지는 모르지만 어떤 때 보면 박사님들도 울고 갈 정도다.

그런데 홍민정은 알고 있는 것을 아이들에게 절대 그냥 가르쳐 주지 않는다.

"궁금해? 궁금하면 말해 줄까?"

이렇게 물어보고 '궁금해, 말해 줘' 이런 대답을 들어야 알려 준다. '궁금해, 말해 줘' 이 말은 생각보다 쉽게 할 수 있는 말이 아니다. 처음에는 아무 생각도 없이 냉큼냉큼 말했는데 어느 순간 나는 왜 이렇게 무식할까라는 생각이 들었다. 어쩌다가 나는 이 나이가 되도록 이렇게 멍청할까 하고 내 머리를 쥐어박고 싶기도 하다. 그래도 너무 궁금하면 '궁금해, 말해 줘'를 말할 수밖에 없다.

어느 날 오하얀이 궁금한 것을 홍민정에 물어봤다. 물어보고 싶지 않은데 우리 반에 그걸 아는 애가 없어서 할 수 없이 물어본 거다. 그런데 오하얀이 그 질문을 일 년 전에도 홍민정

정신없는 아이구나~
ㅋㅋㅋ

에게 했다는 거다. 홍민정은 '궁금해, 말해 줘' 하고 말한 오하얀에게 정신없는 아이라고 말했다. 일 년 전에 알려 준 걸 까마득하게 잊어버렸다고 까마귀 고기를 먹었느냐고도 말했다. 까마귀 고기라는 말에 아이들은 책상까지 치며 웃었다. 오하얀은 그날 집으로 돌아와 밤늦게까지 통곡했다. 안녕빌라에 사는 사람들이 모두 몰려가 제발 잠 좀 자자고 통사정할 때까지 말이다.

"선생님 성의를 생각해서라도 우리 손 열심히 씻자."

성찬이가 말했다.

성찬이의 말이 끝나기 무섭게 아이들은 우르르 화장실로 몰려갔다. 걸어가는 아이는 단 한 명도 없었다. 1초라도 늦으면 큰일 날 것처럼 전속력으로 뛰어갔다.

똑똑해지는 기술

교장 선생님 말은 길고 길었다. 처음에는 민식이가 칭찬을 받아서 기쁜 마음으로 교장 선생님 말을 들었다. 그래도 우리 반 아이가 칭찬을 받는데 함께 기뻐해 주어야 할 거 같아 얼굴도 활짝 폈다. 그런데 교장 선생님 말은 정말이지 길어도 너무 길었다.

'5학년 민식이를 칭찬해요.'

딱 한 마디로 정리하면 끝인데 말이다.

"교장 선생님 마음이 사막처럼 휑하니 모래바람만 불고 있었어요. 이제 나에게도 갱년기라는 게 오는 건가 보다, 그래서 슬픈 마음이 자꾸 드는 건가 보다 걱정도 되고 마음이 아프기도 했지요. 그런데 학교에 오니 그런 마음이 살살 사라지기 시작하는 거예요. 사라지기만 하나요? 민식이처럼 서로 돕고 착한 일을 하는 학생을 보면서 마음이 숲으로 변하는 걸 느꼈어요. 특히 나이가 적은 동생을 위해 희생하는 학생을 보면 가슴이 따뜻해지기도 하고요."

이제는 다리가 아플 지경이었다. 그렇다고 해서 교장 선생님이 진지하게 말하고 있는데 갈 수도 없었다.

'그냥 지나갈 걸 공연히 구경했네.'

후회가 밀려왔다.

"그런데 교장 선생님, 갱년기가 뭐예요?"

1학년으로 보이는 아이가 물었다.

"갱년기를 한마디로 말하기는 어려워요. 증상도 여러 가지고요. 그래도 중요한 거 한 가지만 말하자면 사람이 나이가 들면서 마음의 변화가 일어나는 거예요. 공연히 슬퍼지기도 하고 울고 싶기도 하고 말이에요."

공연한 질문을 하는 바람에 교장 선생님 말은 더 길어졌다.

20분 전이다.

떨어지지 않는 잠과 싸우며 터덜터덜 걷고 있었다. 도대체 언제쯤이면 아침에 맑은 정신이 될 수 있을까, 고민하며 걷고 있을 때였다.

학교 앞 횡단보도를 아이들 한 무리가 건너가고 있었다. 그 중 맨 뒤에 걸어가고 있는 아이는 민식이었다. 민식이 앞에는 해창이가 가고 있었다. 민식이는 여전히 콧구멍을 열심히 쑤시고 있었다.

'얼마나 아플까?'

문득 민식이가 가엽게 여겨졌다. 콧구멍을 쑤시는 민식이를 보며 더럽다는 생각만 했지 이런 마음이 느껴진 건 처음이었다. 마스크 부작용으로 멀쩡하던 코가 날이면 날마다 가려워진 민식이었다. 가려운 건 진짜 참기 힘들다. 어찌 생각하면 아픈 것보다 더 참기 힘들다.

만약 민식이가 콧구멍이 가려운 게 아니라 아픈 거였다면 어금니 질끈 깨물고 만지지 않았을 거다. 하지만 가려움은 어금니를 깨문다고 해서 참아지지 않는다. 저절로 손이 가고 일단 한번 손이 가기 시작하면 절대 멈추지 못한다.

측은한 마음으로 민식이를 물끄러미 바라보고 있을 때였다. 초록색 신호등이 깜박였다.

그때 바람처럼 횡단보도를 향해 뛰어든 아이가 있었다. 달리기도 엄청 잘했다. 금세 중간 지점을 지났다. 하지만 바람처

83
학교앞
공원앞

럼 빠른 아이가 목표 지점에 도달하기 전에 신호등은 빨간불로 바뀌었고 성질 급한 자동차들이 움직이기 시작했다.

바람처럼 빠른 아이는 목소리도 컸다. 자동차들이 움직이자 '으아아아악' 하고 소리를 쳤다. 그 소리에 민식이가 돌아봤다. 민식이는 조금의 망설임도 없이 바람처럼 빠른 아이에게 달려들었다. 그리고 바람처럼 빠른 아이를 인도로 밀어냈다. 민식이가 그렇게 민첩한 아이인지 처음 알았다.

바람처럼 빠른 아이와 민식이는 동시에 길바닥에 넘어졌다. 바람처럼 빠른 아이가 무릎을 잡고 울음을 터뜨렸다. 민식이가 바지 뒷주머니에서 손수건을 꺼내 들었다.

그때 신호등은 다시 초록불로 바뀌었고 나는 재빨리 길을 건넜다.

"괜찮아. 울지 마."

민식이는 손수건으로 바람처럼 빠른 아이의 눈물을 닦아 주었다. 그리고 그 손수건으로 무릎에 맺힌 피도 닦아 주었다.

"아앙앙. 오늘따라 공연히 짧은 바지 입고 왔어."

바람처럼 빠른 아이는 바지 탓을 하며 또 울었다. 그때 교장 선생님이 나타난 거다.

"민식이가 이 아이를 구했어요."

해창이가 교장 선생님에게 말했다.

"교장 선생님도 저쪽에서 다 봤어요."

교장 선생님은 바람처럼 빠른 아이를 달랬다. 바람처럼 빠른 아이의 무릎 상처는 피를 닦아 내고 보니 별거 아니었다. 상처가 별거 아니라는 걸 확인한 바람처럼 빠른 아이는 툭툭 털고 일어났다. 그제야 바람처럼 빠른 아이를 자세히 봤다. 2학년 아이였다.

바로 그 순간부터 교장 선생님은 민식이를 칭찬하기 시작한 거다. 그리고 그 칭찬이 끝날 줄 모르고 계속되고 있는 거다. 교장 선생님이 진지하게 말하고 있는데 차마 뒤돌아설 수가 없었다.

"교장 선생님, 다리 아파요."

바람처럼 빠른 아이가 말했다.

"응, 그래, 그래. 교장 선생님 말이 좀 길었지?"

좀 긴 게 아니라 많이 길었다.

"자, 다들 학교로 들어가세요. 그저 학교는 아이들이 꽉 차 있어야 되는 법이지. 아이고 행복하다. 그리고 민식이……."

교장 선생님이 민식이의 이름을 다시 부르는 순간 나는 잽싸게 돌아섰다. 다시 칭찬이 시작되면 곤란하다. 나는 부지런히 교문 안으로 들어갔다.

민식이가 2학년 아이를 구했다는 말은 금세 전교생에게 퍼졌다. 꼬리에 꼬리를 물고 계속 퍼져 나갔다. 길을 다 건넜던 민식이가 아이의 비명 소리를 듣고 도로 한가운데로 몸을 날렸다고 말이다. 민식이는 날아다니는 아이가 된 거다.

"이야, 민식이 너 대단하다. 보통 비명 소리를 들어도 그렇게 신속하게 움직이지는 못하는 법이거든."

성찬이는 민식이의 손가락에 손소독제를 발라 주며 감탄했다.

"나도 내가 왜 그랬는지 몰라. 비명 소리에 내 몸이 저절로 반응한 거지."

다리가 자동으로
치솟아 올랐대~
몸이 소림사 무술
같았대~
민식이 몸에
영웅의 피가
흐른대~
민식이는 영웅이야!!

민식이는 성찬이에게 손가락을 맡기고 우쭐했다.

"그건 민식이 네 속에 영웅의 피가 흐르고 있다는 증거지."

"영웅?"

"응, 위기에 처한 나라를 구하는 영웅들 있잖아? 영웅은 자신도 모르게 위기에 빠진 이들을 구하려고 뛰어들거든. 그런 영웅의 피가 민식이 네 몸에도 흐른다는 말이야."

민식이는 영웅의 피가 흐르는 존재까지 되었다.

해창이는 더 신이 났다.

"너희들 중국의 소림사 무술 알지?

폼이 아주 멋지잖아. 그런데 소림사 무술의 폼은 폼도 아니야."

해창이가 책상 위로 올라가 민식이가 2학년 아이를 구할 때 폼을 재현했다.

"이렇게 싹 돌아선 다음 두 팔로 허공을 가로지르는 거지. 이때 다리는 자동으로 치솟아 올라."

해창이는 두 팔을 앞으로 내민 다음 책상에서 펄쩍 뛰어내렸다. 폼이 근사했다. 해창이 말대로 소림사 무술 폼은 폼도 아니었다.

책상에서 뛰어내린 해창이는 성찬이에게 달려가 어깨를 덥석 잡았다. 그러고는 앞으로 끌었다. 그때도 폼은 중요했다. 얼굴은 정의감에 활활 타는 표정이었고 걸음걸이는 각이 잡혀 있었다. 성찬이가 해창이에게 끌려가는 시늉을 했다.

"영화 만들어도 되겠지?"

모든 재현을 마친 해창이가 우쭐하며 말했다.

"영화화되면 우리 학교의 영광이지. 그리고 우리들의 영광이기도 하고. 영화의 실존인물과 친구인 건 진짜 대단한 일이거든."

성찬이도 거들었다.

"영화는 무슨, 이런 미담은 전국 곳곳에서 하루에도 수없이 일어나고 있거든."

다리를 꼬고 앉아 보고 있던 정호가 시큰둥하게 말했다.

"누가 그래? 전국 곳곳에서 하루에도 수없이 일어난다고?"

민식이가 끼어들었다. 아주 기분 나쁜 표정이었다.

"어디서 봤……."

정호가 얼른 대답을 못 하고 우물쭈물했다.

"인터넷에서도 보고 뉴스에서도 봤지, 어디서 보긴 어디서 봐? 나도 많이 봤어."

그때 홍민정이 끼어들었다. 인터넷과 뉴스라는 믿을 만한 것을 들고 말이다. 아는 게 많은 홍민정이 그렇게 나오자 여태 민식이를 영웅 보듯 했던 아이들의 눈빛이 흔들렸다.

홍민정이 누구인가? 얄미운 구석이 있기는 하나 아는 게 많은 아이다. 그래서 궁금증을 잘 풀어주는 아이이기도 하다. 홍민정이 그렇다고 하니 진짜 별거 아니군, 전국 곳곳에서 하루에도 수없이 일어나는 일이라잖아, 서로를 마주 보는 아이들 눈이 이렇게 말하고 있었다.

“그건 아니지.”

턱을 괴고 앉아 지켜보기만 하던 오하얀이 나섰다.

“전국 곳곳에서 하루에도 수없이 일어나는 일이라면 시시한 일이잖아? 시시한 일이면 왜 뉴스에 나오고 인터넷에 떠? 말도 안 되지. 잘 일어나지 않는 일이니까 뉴스에도 내보내고 인터넷에도 뜨는 거야. 뭘 알고 말해.”

“오하얀 말이 딱 맞아.”

해창이가 손뼉을 쳤다.

"와, 하얀아. 너 똑똑하다. 예전에는 네가 이렇게 똑똑한 아이인 줄 몰랐었네. 바이러스 때문에 집에 갇혀 있는 동안 똑똑해지는 기술이라도 연마했냐?"

성찬이가 말했다.

아이들이 다시 민식이를 대단하다는 눈빛으로 바라봤다.

"흥, 제대로 알지도 못하면서 잘난 척은."

오하얀이 홍민정을 향해 콧방귀를 날리며 중얼거렸다.

오늘은 오하얀의 승리였다. 오하얀이 홍민정에게 승리한 건 처음인 거 같았다. 그나저나 엊그제 무슨 일로 3차까지 싸웠는지 궁금했다. 하루에 3차까지 싸우기는 쉽지 않은데 말이다.

오하얀은 손수건이 두 개?

쉬는 시간만 되면 아이들은 손을 씻기 위해 화장실로 달려갔다. 선물 받은 손수건을 쓰는 모습을 보여 주려면 손을 씻어야 했다. 선생님은 그런 모습을 흐뭇해했다.

나는 손을 씻으러 가면서 민식이의 새로운 모습을 볼 수 있었다. 비밀이라고 해야 하나, 아무튼 남들에게는 함부로 말할 수 없는 그런 모습이었다.

민식이는 손을 잘 씻지 않았다. 물론 화장실까지는 갔다. 그리고 줄도 잘 섰다. 하지만 손을 씻는 30초 동안 민식이 코가 기다려 주지 않았다. 민식이는 손에 물을 묻히고 나서도 콧구멍을 쑤셨다. 그러다 보면 뒤에 선 아이가 빨리 좀 가라고 재촉했다. 비누칠도 못하고 손에 물만 묻히는 일이 더 많았다.

"더러워. 저래 가지고 손에 묻은 세균이 죽겠어?"

정호도 그걸 알아차렸다.

"영웅은 세균이 비켜 간다는 법이라도 있어?"

정호는 비꼬기도 했다. 하지만 홍민정이 오하얀에게 당하는 걸 봐서 그런지 대놓고 말하지는 않았다.

점심시간에 급식실로 가기 전에 손을 씻으러 갔다. 물감 정리를 하는데 오늘따라 사물함이 왜 그렇게 지저분하게 보이는지 정리를 하느라고 조금 늦게 갔다.

화장실에는 아무도 없었다. 손을 씻으려는데 화장실 맨 안쪽에 있는 칸에서 '힉힉' 소리가 들렸다. 웃는 소리는 아니다. 우는 소리도 아니다. 원숭이가 줄을 타고 날아다니면서 내는 소리와 비슷했다.

나는 귀를 기울이고 그 소리를 들었다. 힉힉, 소리는 몇 번 더 났다. 설마 화장실에 원숭이가 살고 있는 건 아니겠지, 생각하는 찰나 맨 안쪽 칸 문이 열렸다. 민식이가 콧구멍을 쑤시며 나오고 있었다.

"뭐 했어?"

"응?"

민식이가 되물었다.

"뭐 했느냐고."

“똥 누지 뭐 해? 화장실에서 오줌 싸기 아니면 똥 눌 일 말고 할 게 뭐가 있어?”

그건 그렇지만 조금 전 그 소리는 똥 누는 소리가 아니었다.

“원숭이 소리가 났는데?”

“원숭이 소리? 아하, 이 소리? 힉힉.”

민식이가 주먹을 쥐어 콧잔등을 누른 다음 오만상을 찡그리며 바람을 뿜어 댔다.

“콧속이 너무 가려울 때 이러면 좀 나아지거든. 병원에 다녀도 빨리 안 낫네. 아, 답답해.”

민식이는 세면대 물을 틀었다. 하지만 콧구멍을 쑤시느라 바빠서 비누칠하는 것도 잊고 손을 박박 문질러 닦는 것도 잊었다. 민식이는 손에 물만 묻히고 바지 뒷주머니에서 손수건을 꺼내 물기를 닦으며 화장실에서 나갔다.

화장실에서 나오는데 복도 저만큼 앞에 오하얀이 걸어가고 있었다.

‘재는 뭐 하느라고 이제 가지?’

그때였다. 오하얀 뒤 복도 바닥에 손수건이 떨어져 있었다. 오하얀이 흘린 게 분명했다.

"오하얀."

나는 오하얀을 불러 세웠다.

"손수건 떨어졌어."

나는 턱으로 손수건을 가리켰다. 오하얀은 손수건을 집어 들었다.

나는 쪼르르 오하얀 옆으로 날려갔다.

"뭐 하느라고 늦게 가냐?"

"홍민정 때문에. 홍민정이 밥 다 받고 난 다음 받으려고."

"왜?"

"그럴 일이 있어."

오하얀은 그 말만 하고 입을 다물어 버렸다.

나는 곰곰이 생각해 봤다. 왜 오하얀은 홍민정이 밥을 다 받은 다음에 밥을 받으려고 하는 걸까? 그 말은 줄을 같이 서기 싫다는 뜻이다.

'급식실에서 무슨 일이 있었나?'

오하얀이 엊그제 그랬다. 점심시간에 화장실에서 1차로 싸웠다고. 그렇다면 점심을 먹고 손을 씻으러 갔다가 싸운 거다. 급식실에서 무슨 일이 있었던 게 분명했다.

"많이 먹어라, 많이 먹어."

오하얀 할머니는 반찬을 떠 주며 아이들에게 말했다.

"나동지도 많이 먹어라. 그리고 우리 하얀이도……."

"할머니."

오하얀 할머니가 말하는 순간 오하얀이 눈짓을 보냈다. 그러자 오하얀 할머니가 깜짝 놀라더니 입을 꽉 다물었다. 나는 오하얀 할머니와 오하얀을 번갈아 바라봤다. 많이 먹으라는 말은 이상한 말도, 나쁜 말도 아닌데 왜 말을 못 하게 하지? 아무리 생각해도 알 수 없었다.

식판을 들고 자리에 앉는 순간 머릿속이 번쩍했다. 이제야 홍민정과 오하얀이 싸운 이유를 알겠다. 문제는 돈가스였다. 오하얀 할머니가 오하얀에게만 돈가스를 산처럼 높이 쌓아 주었다. 그걸 홍민정이 보고 따진 게 틀림없다. 그래서 홍민정과 오하얀의 싸움이 시작된 거다.

좀 전에도 오하얀이 가만히 있었으면 오하얀 할머니는 오하얀에게 많이 먹으라면서 제육볶음을 듬뿍 담아 주었을 거다. 오하얀은 그걸 말렸던 게 분명하다.

"야, 이거 누구 거냐? 누가 칠칠맞게 이 소중한 거를 흘리고 다녀?"

교실로 들어왔을 때 앞서간 성찬이가 사물함 앞에서 손수건 하나를 집어 들었다. 교실로 들어오던 아이들 눈이 모두 성찬이에게 쏠렸다.

"오하얀!"

손수건에 새겨진 이름을 확인한 성찬이가 오하얀을 불렀다.

"왜?"

오하얀이 시큰둥하게 대꾸했다.

"이 손수건 네 거야. 흘리고 다니지 마라."

성찬이는 손수건을 돌돌 말아 오하얀을 향해 던졌다.

"무슨 말이야? 내 거 아니야."

엉겁결에 성찬이가 던진 손수건을 받아든 오하얀은 그걸 도로 성찬이에게 던졌다.

"오하얀 네 거 맞다니까."

"아니라고."

손수건은 공처럼 돌돌 말린 채 두 번을 더 오하얀과 성찬이 사이를 왔다 갔다 했다.

"어디 보자."

다시 성찬이가 오하얀을 향해 손수건을 날렸을 때 중간에서 해창이가 가로챘다.

"오하얀 거 맞네."

해창이가 손수건을 펼쳐 보더니 높이 쳐들었다.

오하얀은 당황해하며 주머니에서 손수건을 꺼내 들었다.

"어? 오하얀 너 왜 손수건이 두 개냐?"

해창이가 놀라서 물었다.

오하얀은 천천히 손수건을 폈다. 나뭇잎 수가 새겨져 있었다. 이름을 확인하지 않아도 오하얀 손수건이 아니라는 뜻이다. 나뭇잎이 새겨진 손수건은 남자아이들 거다.

해창이가 재빠르게 오하얀에게 달려가 들고 있던 손수건을 빼앗았다.

"네가 왜 민식이 손수건을 갖고 있냐?"

오하얀 주머니에 있던 손수건은 민식이의 손수건이었다.

"내 거라고?"

민식이가 벌떡 일어나 바지 뒷주머니를 만졌다.

"여기에 넣어 놨는데 그게 왜 오하얀 주머니에 가 있냐?"

민식이도 당황해했다.

'설마.'

나도 당황했다.

그때 뭔가 골똘히 생각하던 오하얀이 나를 향해 눈을 흘겼다. 나는 얼른 오하얀 눈을 피했다.

나도 몰랐다. 오하얀 바로 뒤에 떨어져 있어서 당연히 오하얀 손수건인 줄 알았다.

"주인한테 돌아가거라."

해창이가 민식이의 손수건은 민식이에게 오하얀 손수건은 오하얀에게 돌려주었다.

"어떻게 하나?"

그때 홍민정이 혼잣말을 하듯 교실 천장을 바라보며 말했다.

"뭘 어떻게 해?"

성찬이가 물었다.

"그런 게 있어. 함부로 말하기도 그렇고."

홍민정은 궁금증을 유발했다.

"뭔데?"

"궁금해? 궁금하면 말해 줘?"

홍민정 특기가 또 나왔다.

"아니, 안 궁금해."

웬일로 성찬이가 잘라 말했다.

"누구는 큰일 났다."

홍민정이 또 교실 천장을 바라보며 말했다.

"아, 진짜. 누가 큰일 났는데? 궁금해, 말해 줘."

해창이가 참지 못하고 홍민정에게 말했다.

"궁금하다니까 말해 줄게. 좀 전에 화장실에서 손을 씻을 때 내가 다 봤거든."

"뭘?"

"오하얀이 양치질을 하고 나서 손수건으로 코와 입 주변을 싹싹 문질러 닦는 걸. 그 손수건은 바로 민식이 손수건이었지. 민식이는 콧구멍을 쑤시다 손수건에 손가락을 닦거든. 내가 많이 봤어. 그리고 성찬이가 손소독제를 발라 주면 그 손가락으로 또 콧구멍을 쑤시다가 손수건에 손소독제를 박박 문질러 닦기도 해. 성찬이가 소독제를 너무 많이 짜 주니까 찝찝하겠지."

홍민정이 신나서 말하는 동안 오하얀 얼굴이 서서히 일그러

지기 시작했다.

홍민정이 말을 마칠 때쯤 오하얀은 울음을 터뜨리기 직전이 되었다.

내 코로 들어가지 않았다, 않았다, 않았다

"미안하다."

나는 오하얀을 졸졸 따라가며 말했다. 오하얀은 잠자코 앞만 보고 걸었다.

"진짜 미안하다고. 진짜, 진짜!"

나는 진짜라는 말에 힘을 주었다. 진심으로 진짜 미안했다.

"뭐가 진짜 미안한데?"

영영 뒤돌아볼 거 같지 않던 오하얀이 뒤돌아봤다.

"민식이 손수건을 줍게 해서."

"그게 미안해할 일이야? 떨어진 물건을 떨어졌다고 말해 준 건데. 미안해할 필요 없어."

오하얀 말투가 부드러운 걸 보면 진심인 것 같기도 했다. 하지만 넓은 콧구멍에서 바람이 쌕쌕 나오는 걸 보면 진심이 아닌 거 같기도 했다. 오하얀은 화가 날 때 코뿔소처럼 콧바람을 내뿜는다.

"미안하다고 하지 마."

오하얀은 쌩하니 돌아섰다. 찬바람이 부는 게 화가 난 거 같았다.

"진짜 미안해."

나는 또 오하얀 뒤를 따라가며 말했다.

"야, 나동지! 미안하다고 말하지 말라고. 내가 지금 뭐 하고 있는 줄 알아? 민식이 손수건에 붙은 콧구멍 세균은 내 코로 들어가지 않았다, 않았다, 이러고 최면을 걸고 있는 중이라고. 그런데 네가 자꾸 말을 거니까 최면에 안 걸리잖아! 자꾸 아까 손수건으로 입이랑 코를 박박 문지르던 일이 생각난단 말이야. 너, 한 번만 더 미안하다고 하면 가만 안 둬."

오하얀이 주먹을 불끈 쥐어 내밀었다.

나는 침을 꿀꺽 삼키며 한 발 뒤로 물러섰다.

나는 더 이상 오하얀에게 미안하다는 말을 할 수가 없었다. 그냥 조용히 오하얀 뒤만 따라갔다.

"나동지, 나 너네 집에서 놀다 가도 돼?"

현관 앞에 섰을 때 어쩐 일로 오하얀이 물었다. 화난 게 다 풀린 거 같았다. 그러니까 놀러 오겠다고 하는 거지.

"당연히 되지."

나는 너무 반가워서 오하얀 손을 덥석 잡을 뻔했다.

"아이고야, 이게 누구냐? 오하얀이 우리 집에 다 오고 뭔 일이야? 오랜만이다."

오하얀과 나란히 집으로 들어가자 누워서 텔레비전을 보고 있던 할머니가 벌떡 일어났다.

"하얀이가 왔다고요?"

엄마가 안방에서 나왔다.

"어머, 하얀아, 오랜만에 우리 집에서 보니까 더 반갑다. 바이러스 때문에 하얀이 제대로 본 게 10년은 된 거 같다. 너도 아줌마 얼굴 꽤 오랜만에 보지? 호호호. 그런데 어쩐 일로 집에도 안 들르고 바로 우리 집으로 온 거야? 뭐 먹을 거 해 줄까?"

엄마는 한꺼번에 여러 가지를 물었다.

"예. 꽤 오랜만이에요. 혼자 있으면 자꾸 생각나는 일이 있거든요. 생각하기 싫은데도 말이에요. 나동지와 놀다 보면 그 생각을 하지 않을 거 같아서 놀러 온 거예요. 먹을 건 필요없어요. 지금 뭘 먹고 싶은 마음이 아니거든요. 동지야, 게임 할까? 우리 게임 해도 되지요?"

오하얀이 엄마를 바라봤다.

"그래, 오래만 하지 않으면 괜찮아. 둘이 오랜만에 노는 거니까 내가 좀 봐주지 뭐. 그런데 하얀아, 하기 싫은데 불쑥불쑥 생각나는 그 생각이라는 게 뭔지 좀 물어봐도 되니?"

엄마 얼굴에 궁금증이 주렁주렁 매달렸다.

"말하고 싶지 않아요. 말하고 나면 더 생각나거든요. 동지야, 들어가자."

오하얀이 내 팔을 잡아끌고 방으로 들어갔다.

"이거 이번에 새로 출시된 게임이야. 바이러스가 오고 나서 바로 나온 건데 진짜 바이러스 출몰한 세계와 똑같아. 어떻게 알고 이런 게임을 미리 만들었는지 신기해."

나는 '바이러스 퇴치 왕국' 게임 방법을 오하얀에게 알려 주었다.

"와! 이거 진짜 재미있다."

오하얀은 신나 했다. 민식이 손수건으로 입과 코를 박박 문

LOADING...

100P

질러 닦은 그 사건은 까마득하게 잊은 듯 게임에 몰두했다. 나는 안도의 숨을 내쉬었다.

"하얀아. 할머니는 급식 도우미 일 재미있어 하는 거 같어?"

할머니가 문 앞에 앉아 물었다.

"별로요."

"왜 별로여?"

"아악."

할머니가 말을 시키는 바람에 오하얀은 바이러스에게 잡히고 말았다.

"새로운 일을 하다 보면 생각하지도 못한 일이 생기거든요. 그래서 별로신 거 같아요."

오하얀은 게임을 다시 시작했다.

"네 할머니가 그렇게 말씀하시던? 생각하지도 못한 일이 뭘까?"

오하얀은 할머니 말을 못 들은 체했다. 손가락에 힘을 주고 바이러스를 피해 달리고 또 달렸다.

"응? 뭘까?"

할머니가 자꾸 묻는 바람에 오하얀이 또 바이러스에게 잡히고 말았다. 오하얀은 조용히 일어나 가방을 들었다.

"안녕히 계세요."

"벌써 가려고?"

"예."

오하얀은 집으로 돌아가 버렸다.

"할머니는 왜 그래요?"

나는 할머니를 원망했다.

"나동지. 할머니한테 그게 무슨 말버릇이야?"

엄마가 화를 냈다.

걱정이다. 오하얀은 집에 혼자 있으면서 그 생각을 계속할 거다. 휴, 어쩌다가 민식이 손수건이 그때 눈에 띄었담. 다른 날은 4교시 마치는 종이 울리기 무섭게 밥을 먹으러 가는데 오늘따라 왜 사물함 정리를 했을까. 생전 하지 않던 짓을 하는 바람에 이렇게 되었다.

'급식실에서 무슨 일이 있었던 건 확실해졌어.'

오하얀은 어른들이 묻는 말에 잘 대답하는 편이다. 모르면 모른다, 알면 안다, 이러고 확실히 말하는 편이다. 그런 오하얀이 이렇다 저렇다 말도 없이 가 버린 것은 급식실에서 무슨 일이 있었다는 증거, 또 하나 추가다. 보나마나 돈가스 때문일 거다.

한숨을 푹푹 내쉬고 있을 때 성찬이에게 문자가 왔다.

나동지~ 오랜만에 공 차자. 공터로 나와.

이런 기분으로 공을 차고 싶지 않았다. 싫다고 답문자를 보내려다 멈칫했다.

오하얀도 같이 차자.

나는 답문자를 보냈다.

오호. 축구의 신이 같이 차면 좋지.

성찬이는 좋다는 문자를 바로 보내왔다.

2대 2로 하자. 골키퍼는 없고.
나랑 나동지 너랑 그리고 오하얀. 또 누굴 부를까?

해창이.

우리 동네 공터로 바로 모일 수 있는 아이는 나와 성찬이 그리고 오하얀과 해창이, 또 민식이다.

민식이는 절대 안 된다. 오하얀이 싫어할 거다. 민식이 손수건을 생각하지 않으려고 최면 걸 생각까지 했던 오하얀이다. 그런데 민식이가 눈앞에서 얼쩡거리면 스트레스를 받을 거다. 10분 뒤에 공터에서 만나기로 했다.

"축구?"

현관문을 연 오하얀은 좀 망설이는 눈치였다. 축구 하자면 자다가도 벌떡 일어나는 오하얀이었다. 나는 오하얀 마음을 단박에 알아차렸다.

"나하고 너하고 그리고 성찬이랑 해창이가 찰 거야. 민식이는 안 오고."

"잠깐 옷 좀 갈아입고 나올게."

민식이는 안 온다는 말에 오하얀은 두말도 안 하고 옷을 갈아입고 나왔다.

공터로 나갔을 때 가슴이 철렁 내려앉았다. 성찬이 옆에 민식이가 콧구멍을 쑤시며 서 있었다.

"해창이는 할머니가 오셔서 못 나온대. 바이러스 때문에 할머니가 아주 오랜만에 오셨다지 뭐냐?"

성찬이가 공을 튕기며 말했다.

"나는 병원 다녀오는 길에 성찬이한테 잡혀 왔어. 의사 선생님이 땀 흘리면 더 가렵다고 한동안은 운동하지 말랬는데 억지로 잡혀 온 거야. 뭐, 어쩌겠어. 짝이 맞지 않으니까 해야지."

민식이가 인심 쓰듯 말했다.

"아무튼 축구의 신, 반갑다. 오랜만에 실력 좀 보여 줘라. 페어플레이 하자."

성찬이가 오하얀에게 악수를 청했다. 오하얀이 망설이는 듯하자 성찬이는 오하얀 손을 덥석 잡고 흔들었다.

오하얀은 악수까지 한 마당이어서인지 차마 하지 않겠다는 말을 하지 않았다.

가위바위보로 같은 편을 뽑았다. 나와 성찬이가 가위를 내고 오하얀과 민식이가 보를 냈다. 순간 오하얀 얼굴이 일그러졌다. 하지만 오하얀은 민식이와 같은 편을 하지 않겠다고는 하지 않았다.

"시작하자."

오하얀은 일부러 아무렇지도 않은 표정을 지었다. 어차피 축구는 하기로 한 거고 민식이와 같은 편이 된 건 오하얀 스스로 보를 내서 그런 거다. 내가 등 떠밀어서 그렇게 된 것은 아니란 말이다. 그런데도 나는 자꾸 오하얀 눈치를 봤다.

"너희들 뭐 하니? 축구 하게?"

그때였다. 갑자기 홍민정이 나타났다. 홍민정은 우리 동네에 살지 않는다. 나는 단 한 번도 우리 동네에서 홍민정을 본 적이 없다. 그런데 하필이면 오늘, 그것도 오하얀과 민식이가 한편이 되어 축구를 하는 곳에 나타나다니.

"나 축구 안 할래."

오하얀은 들고 있던 공을 성찬이에게 던지며 돌아섰다.

새로운 바이러스 출몰

하늘이 무너져 내리는 소리에 눈을 번쩍 떴다. 천둥소리였다.

두드드드드득 두드드득.

낡은 창문틀이 바람에 금방이라도 떨어질 것처럼 흔들렸다.

'아휴, 깜짝이야.'

나는 놀란 가슴을 쓸어내리며 이불 속으로 파고들었다. 놀란 심장이 잠잠해질 때쯤 또 천둥이 쳤다. 태어나서 저렇게 큰 천둥소리는 처음 들어봤다. 저러다 진짜 하늘이 둘로 쪼개져 무너져 내리는 끔찍한 일이 발생하면 어쩌나 걱정이 되었다.

예전에는 천둥번개가 쳐도 걱정을 하지 않았다. 할머니 어렸을 때, 번개가 내리쳐서 나무 한 그루가 활활 불 탔다는 말을 들었을 때도 옛날에는 그랬나 보다 생각했다. 폭우가 쏟아져서 하수구가 막히고 종아리까지 물이 차올라도 비가 영원히 내리지는 않겠지, 걱정은 조금도 하지 않았었다.

그런데 지금은 아니었다. 진짜로 하늘이 깨질 수도 있다는 생각이 들었다. 저번에 할머니와 엄마가 그랬다. 바이러스 때문에 학교를 제대로 못 가는 일이 생길 줄은 상상조차 해 보지 않았다고. 그러면서 이게 다 욕심껏 개발하느라 자연을 훼손한 사람들 탓이라고 했다.

상상조차 못 해 본 일이 얼마든지 일어날 수도 있다는 말이다. 나는 슬그머니 일어나 쪼그리고 앉았다.

어둠 속에서 계속 이불을 끌어안고 쪼그리고 앉아 있었다. 잠은 이미 달아났다. 빗소리는 더 요란해졌다.

다리가 저릴 때까지 앉아 있다가 누웠다. 그러다 다시 잠이 들었다.

"으으악."

얼마 후 나는 내 비명 소리에 놀라 눈을 번쩍 떴다. 눈앞에 어둠이 가득했다.

"꾸, 꾸, 꿈인가?"

꿈이라면 진짜 다행이었다.

오하얀이 저만큼 앞서가고 있었다. 오하얀, 오하얀! 아무리 불러도 돌아보지 않았다. 나는 달려가서 오하얀 어깨를 잡았다. 그제야 오하얀이 돌아보는데 나는 너무 놀라 그대로 주저앉고 말았다. 오하얀 코에서 거대한 거미 한 마리가 기어 나오고 있었다. 기어 나온 거미 똥구멍에는 줄이 매달려 있었다. 거미는 허공을 날아다녔다. 거미가 날아다닐 때마다 거미 똥구멍에서 나온 줄들은 이리저리 흩어졌다 모였다를 반복하며 거미집을 만들었다. 들어와. 거미가 나를 보고 말했다. 순간 거미와 눈이 마주쳤는데 거미의 빨간 눈동자는 지글지글 끓고 있었다. '크악!' 하고 입을 벌리는데 거미 이빨이 노란색이었다. 오하얀이 내 손을 잡고 거미집으로 들어가려는 순간 잠에서 깼다. 휴우, 다행이다. 아무리 꿈이지만 거미집에 들어갔으면 무슨 일이 생겼을 것 같았다.

더 이상 잠이 오지 않았다.

아침에도 비는 여전히 내리고 있었다. 천둥소리는 좀 잦아든 거 같은데 그렇다고 해서 아주 멈추지는 않았다. 잊을 만하면 한 번씩 '쿠웅!' 하고 겁을 주었다.

"얘가 왜 이렇게 힘이 없어? 밥 먹는 게 왜 그래?"

빤히 바라보고 있던 엄마가 물었다.

"한동안 아침인지 점심때인지 잊고 빈둥거리다가 갑자기 규칙적인 생활을 하려니 동지도 힘든 거겠지. 동지야, 많이 먹어라."

할머니가 달걀말이를 집어 내 숟가락 위에 올려 주었다. 노

란 달걀말이를 보자 거미 이빨이 떠올랐다.

"빨리 학교 가야 해."

나는 벌떡 일어났다.

'오늘 꼭 무슨 일이 일어날 것만 같아.'

현관문을 열고 나오는데 문득 이런 생각이 들었다.

교실로 들어서자마자 오하얀 자리부터 봤다. 오하얀은 벌써 와 있었다. 오하얀은 허리를 꼿꼿하게 세운 채 책을 읽고 있었다. 생전 안 하던 짓이다.

잔뜩 긴장했던 마음은 3교시가 끝나면서 조금씩 풀어졌다. 무슨 일은 무슨 일, 꿈은 꿈일 뿐이다. 실제로 그런 무시무시한 거미는 세상에 존재하지 않는다.

점심까지 잘 먹고 교실로 들어오면서 꿈 때문에 마음 한쪽에 남아 있던 긴장감은 완전히 사라졌다. 개꿈인 것 같았다.

빗줄기가 더 세차졌다. 몇몇이 창가로 몰려가 비 구경을 하고 있을 때였다.

"얘들아."

홍민정이 교실 앞문으로 들어오며 소리쳤다.

"너희들 그 소식 들었어?"

창가에 몰려 있던 아이들이 우르르 홍민정에게 몰려갔다.

"빅뉴스라도 있냐?"

성찬이가 물었다.

홍민정은 무슨 말인가 하려다 멈칫했다. 그러고는 물었다.

"궁금하지?"

"아, 진짜, 뭔아?"

공연히 앞장서서 물어봤다 싶은지 성찬이가 콧등을 찡그렸다.

"궁금하지?"

홍민정이 다시 물었다. 아이들은 서로를 마주 봤다. 무지하게 궁금한 눈치들이었다. 하지만 선뜻 궁금하다는 말을 먼저 꺼내지는 않았다.

"별로 궁금하지는 않은데 홍민정 네가 정 말하고 싶으면 들어는 줄게."

그때 오하얀이 나섰다. 홍민정 얼굴이 순식간에 찌그러진 깡통처럼 변했다. 홍민정은 콧방귀를 한 번 뀌더니 자리에 가서 앉았다. 듣기 싫으면 관두라는 표정이었다. 아이들이 오하얀을 원망의 눈초리로 바라봤다.

"그래, 궁금하다, 궁금해. 뭐냐? 뭔지 말 좀 해 봐라."

해창이가 말했다. 홍민정은 들은 척도 하지 않았다.

"궁금하다니까."

해창이가 재촉했다.

"말 좀 해 봐. 궁금하다고."

아이들 몇몇이 해창이의 말에 맞장구쳤다. 그제야 홍민정은 천천히 일어나 교실 앞으로 나갔다. 그냥 앉아서 말해도 되고 정 앉아서 말하기 싫으면 제자리에 서서 말해도 되는데 굳이 앞으로 나갔다.

"새로운 바이러스가 출몰한 것 같다는 소식이야."

새로운 바이러스라는 말에 교실은 잠시 조용해졌다. 아이들 목소리가 사라진 조용한 교실에 빗소리만 가득 찼다.

"저번 바이러스 같은 그런 바이러스가 다시 출몰했다는 말이야?"

"누가 그래?"

성찬이와 해창이가 동시에 물었다.

"저번 바이러스와 똑같은 바이러스인지 아닌지는 나도 몰라. 아무튼 전염력을 가진 새로운 바이러스가 출몰했다는 것

은 사실이야."

"누가 그랬냐니까? 인터넷에 떴어? 이상하다, 오늘 아침까지만 해도 그런 뉴스는 없었는데?"

해창이가 물었다.

"아니, 아직 인터넷에는 안 떴어."

"에이, 그럼 가짜뉴스네. 진짜 바이러스가 출몰했으면 '속보' 이러면서 인터넷에 바로 뜨던데."

"아휴. 답답해. 야, 저번 바이러스는 출몰하자마자 뉴스에 떴냐? 인터넷에 떴어? 아픈 사람들이 생기고 전염까지 되기 시작하면서 시끄러워진 거잖아? 질문을 하려면 뭘 좀 알고 해라."

홍민정이 답답하다는 듯 주먹으로 가슴을 쳤다. 그건 홍민정 말이 맞다. 독감도 환자가 생기고 나서야 유행이라는 말이 나온다. 아픈 사람이 생기지 않으면 아무도 모른다. 사람이 모르면 인터넷도 모른다.

"홍민정, 그럼 너는 어떻게 알고 있냐? 새로운 바이러스에 전염되어서 아픈 사람이라도 봤어? 증거 있어?"

성찬이가 물었다.

모두들 숨을 죽이고 홍민정 입을 바라봤다. 삐딱하니 앉아 있던 오하얀도 어느새 홍민정을 향해 앉아 있었다.

"그전에 확실히 알아 둬. 이건 니들이 궁금해해서 내가 말한 거야. 내가 이 말을 먼저 퍼뜨린 게 아니라. 알지?"

"알아, 아니까 빨리 말해."

아이들이 합창하듯 말했다.

"우리 학교 아이들 중에 똑같은 증상으로 오늘 결석한 아이가 세 명이야. 그것도 같은 반 아이들이 나란히."

홍민정 목소리는 빗소리를 뚫고 교실에 울려 퍼졌다.

"증상은?"

누군가 물었다.

갑자기 지글지글 끓던 거미의 빨간 눈이 눈앞에 떠올랐다. 무시무시해 보이던 거미집도 생각났다. 개꿈이 아닌가? 이런 소식을 들으려고 그런 꿈을 꾼 건가? 그렇다면 왜 하필 내가 꿈을 꾼 거지? 아니지, 그렇게 큰일이라면 나 말고 이상한 꿈을 꾼 아이가 또 있을 수도 있다는 생각이 들었다.

"야, 물어볼 말이 있는데 혹시 어젯밤에 이상한 꿈 꾼 사람 있어?"

아무래도 확인해 봐야 할 거 같아 일어나서 물었다.

"너는 이 중요한 순간에 생뚱맞게 꿈 이야기를 하고 싶니? 아, 답답해."

홍민정이 또 주먹으로 가슴을 쳤다.

"증상은?"

또 누군가 물었다. 아이들이 숨을 죽이며 홍민정 입을 쳐다봤다.

"아직은 확인 안 해 봤어. 똑같은 증상으로 세 명이 나란히 결석했다는 말만 들었어."

홍민정이 말하는 순간 콰앙 하고 하늘이 쪼개지는 것 같은 소리가 들렸다. 앞이 보이지 않을 정도로 비가 퍼부었다.

오하얀을 지켜야 한다

눈부시게 내리쬐는 햇볕을 받으며 콧구멍을 쑤시고 있던 민식이가 손을 멈췄다. 그러고는 멍하니 홍민정을 바라봤다. 아이들 눈은 민식이에게로 향했다.

"결석한 세 명은 2학년 아이들이고 또 서로 친한 사이라는 거야? 그리고 그 아이 중에 한 명이 저번에 민식이가 구해 준 그 아이이고?"

성찬이가 물었다.

"맞아. 벌써 3일째 결석하고 있어. 셋이 엄청 친한 사이래. 특별한 일이 없으면 아침에 함께 학교에 오고 집에 갈 때도 같이 다니는 사이야. 그것뿐 아니라 학교가 끝나고 집에 가도 꼭 셋이 뭉쳐서 놀러 다닌댔어. 민식이가 그 아이를 구했을 때 손수건을 썼다면서? 눈물도 닦아 주고 피도 닦아 주고."

홍민정 말에 민식이는 콧구멍 안에 멈춰 있던 손가락을 빼내고 마른침을 '꾸울꺽' 삼켰다. 민식이 표정이 말도 못 하게 복잡해 보였다.

"증상은? 저번 바이러스는 전염이 되면 열이 나고 기침을 했잖아. 목이 아프기도 하고 온몸이 쑤시기도 하고 말이야."

"물집."

"물집?"

"응. 입안하고 콧속에 물집이 생긴대."

아이들 눈이 다시 민식이에게로 향했다.

"민식아. 너는 괜찮은 거냐?"

누군가 물었다.

민식이가 콧구멍을 쑤시던 손가락을 입안에 넣었다. 손가락은 입안 이곳저곳을 헤집고 다니기 시작했다. 입천장도 눌렀다가 혀도 눌러 봤다. 어금니 뒤쪽과 앞니 아래쪽도 눌렀다. 입안을 다 확인한 손가락은 다시 콧구멍 안으로 들어갔다. 손가락은 잠시 콧구멍 안을 헤집고 다녔다.

"물집 같은 거 없어."

민식이가 손가락을 빼며 말했다.

"내가 오늘 한 말은 비밀이야. 아직 새로운 바이러스라는 확실한 증거가 없는데 소문이 나면 가짜뉴스를 퍼뜨린 게 되니까."

홍민정이 아이들 입단속을 했다.

바이러스 잠복기라는 말이 아이들 사이에 오고 간 것은 점심시간이었다. 전염된 바이러스가 그 모습을 드러내기까지 몸속에 숨어 있는 시간을 잠복기라고 한다.

밥을 받은 아이들은 슬슬 민식이를 피해 앉았다. 무심코 민식이의 옆에 앉았다가 소스라치게 놀라며 자리를 옮기기도 했다. 밥을 먹다가 민식이가 무슨 말을 하면 멀찌감치 앉아 있는데도 고개를 돌렸다.

민식이는 외롭게 밥을 먹었다. 그리고 아주 외롭게 요구르트를 마시고 누구도 앞뒤에 서지 않는 상황에서 아주아주 외롭게 식판 정리를 했다. 그리고 더 외롭게 5교시와 6교시를 마치고 혼자 터덜터덜 교실에서 나갔다.

"홍민정. 민식이는 지금 멀쩡하잖아? 네가 볼 때 민식이가 2학년 아이에게 전염을 시킨 거 같니? 아니면 2학년 아이가 다른 곳에서 전염이 된 거 같니?"

민식이가 교실에서 나가자 가방을 챙기고 있던 정호가 홍민정에게 쪼르르 달려가 물었다. 그러자 교실에 남아 있던 아이들이 홍민정을 에워쌌다.

"그건 아무도 몰라. 같은 바이러스라도 사람에 따라 반응이 늦게 나타나기도 하고 빨리 나타나기도 하거든. 저번 바이러스 때 유명한 의사 선생님이 그랬어."

"민식이랑 같은 교실에서 공부하는 거 위험한 거 아니니? 같이 밥을 먹어서 전염되기도 하고 말을 하면서 침이 튀어 전염되기도 하지만 공기로도 전염될 거 같은데?"

정호가 손가락으로 턱을 살살 문지르며 말했다.

"나동지."

그때 오하얀이 나를 쏘아보며 큰소리로 불렀다.

"집에 안 가?"

나와 눈이 마주치자 오하얀은 눈까지 흘겼다. 나는 얼른 가방을 집어 들었다.

"너는 홍민정이 하는 말을 입까지 헤벌리고 듣고 싶니?"

교실에서 나오자마자 오하얀은 성질을 부렸다. 내가 언제 입을 헤벌리고 들었다고. 나는 그런 적 없다.

"홍민정 재 말 믿지 마. 새로운 바이러스는 무슨. 진짜 새로운 바이러스가 출몰했으면 3일 동안 선생님들이 아무 말도 하지 않고 있겠어? 하여간 홍민정 같은 애들 때문에 문제야, 문제. 아무것도 아닌 일에 호들갑을 떨지 않나. 무슨 일이든지 뻥튀기해서 큰일로 둔갑시키고 보질 않나. 홍민정만 문제냐? 확실한 것도 아닌데 이리저리 휘둘리며 맞장구치는 애들도 문제지. 입을 헤벌리고 듣고 있는 애도 문제인 건 마찬가지고."

아, 진짜! 나는 입을 헤벌린 적 없다고. 성질을 한번 부리려다 참았다.

"나동지. 너네 집에 가서 게임 해도 돼?"

한참 동안 홍민정 얘기를 하며 걷던 오하얀이 돌아보며 물었다.

조금 전에 입을 헤벌리고 어쩌고저쩌고 하는 말만 안 했어도 두 팔 벌려 환영했을 거다. 하지만 나도 자존심이라는 게 있다. 기다렸다는 듯 냉큼 대답하기는 좀 그래서 입을 불룩 내민 채 대답하지 않았다.

"괜찮지? 좀 전에 그 일로 삐치진 않았지? 그 정도로 속 좁은 나동지는 아니니까."

오하얀이 다시 물었다.

"삐치기는 누가 삐쳐? 사람을 뭘로 보고. 게임 하고 싶으면 와."

다행히 할머니는 집에 없었다.

오하얀은 누구의 훼방도 받지 않고 한 시간 동안 게임을 하다 돌아갔다. 성찬이에게 문자가 온 것은 오하얀이 우리 집 현관문을 '쾅!' 닫은 바로 그 순간이었다.

혹시 오하얀이랑 같이 있냐?

성찬이의 문자를 보는 순간 소름이 끼쳤다. 정말이다. 팔뚝에서 시작된 소름은 등을 타고 허벅지에서 종아리로 내려왔다. 성찬이는 오하얀과 내가 같이 있는 것을 어떻게 알았을까. 물론 오하얀이 막 돌아가긴 했지만 말이다.

아니.

전화할게.

바로 성찬이에게서 전화가 왔다.

"나동지. 어떻게 하냐?"

전화기 너머로 들리는 성찬이의 목소리에 걱정이 가득 차 있었다. 무슨 일인지도 모르면서 가슴이 덜컥 내려앉았다.

"민식이 손수건을 2학년 아이가 썼잖아?"

"응."

"그런데 그 손수건을 또 오하얀이 썼잖아."

성찬이 말을 듣자마자 누군가 내 머리를 힘껏 내리치는 것 같았다. 쾅 하고 얻어맞은 머리는 지진이 일어나듯 흔들렸다. 그리고 캄캄해졌다. 나는 휴대폰을 든 채 멍하니 있었다.

"여보세요. 나동지, 나동지! 전화 끊은 거 아니지?"

"안 끊었어."

"민식이가 손수건을 빨아 쓰지 않았을까? 피를 닦았는데 그걸 그냥 썼겠어?"

나는 제발 그러길 간절히 바랐다.

"그랬으면 좋겠지만 내 생각에는 민식이가 손수건에 신경 쓸 시간이 없었을 거 같아. 콧구멍 쑤시느라고 요즘 아무 일도 못 하잖아."

성찬이의 목소리는 더 낮아졌다.

전화를 끊고 나는 집에서 나왔다. 잠시 망설이다 104호 초인종을 눌렀다. 초인종이 울리고 나서 한참이 지나서야 오하얀이 현관문을 열었다. 오하얀 입가에 시커먼 게 잔뜩 묻어 있었다. 나는 킁킁거리며 냄새를 맡았다. 짜장 냄새가 났다.

"게임 해서 이기고 났더니 기분이 좋아지더라. 기분이 좋아지니까 배가 고파지는 거야. 그래서 짜장라면 끓여 먹고 있어. 그런데 왜?"

지금 짜장라면 먹을 때가 아니다. 나는 걱정스러운 눈으로 오하얀을 바라봤다.

"왜?"

"괜찮냐?"

"뭐가?"

뭐긴 뭐야? 입안과 콧속이 괜찮느냐는 말이지. 당장이라도 입안과 콧속에 물집이 생기진 않았나 한번 보라고 말하고 싶었다. 하지만 오하얀이 충격받을까 봐 차마 말을 할 수 없었다.

"뭐가 괜찮느냐고?"

오하얀이 물었다.

괜찮지?
괜찮은 거지?
괜찮지?
진짜 괜찮아?

"그냥 다, 다 괜찮냐고!"

오하얀은 나를 아래위로 훑어봤다.

"나동지. 특별히 할 말이 있어서 온 거 아니지? 너 짜장라면 냄새 맡고 온 모양인데 꿈 깨라. 하나밖에 없거든. 하나 끓여 봤자 간에 기별도 안 간다고. 한 입이라도 얻어먹을 생각은 하지도 마라."

오하얀이 현관문을 부서져라 닫았다.

사람을 뭘로 보고. 내가 뭐 짜장라면 한 입 얻어먹으려고 이러는 줄 아나. 어이가 없기도 하고 억울하기도 해서 그냥 집으로 들어가려다 멈칫했다. 병이라는 것이 아프면 바로 치료를 하는 게 제일 중요하다. 할머니가 그랬다. 감기 때문에 죽는 사람이 있는데 그게 감기만으로 죽는 게 아니라고. 감기라고 하찮게 여기다가 합병증이 생겨서 죽는 거라고 했다. 감기도 그런데 무시무시한 바이러스는 더할 거다.

딩동딩동딩동.

나는 다시 104호 초인종을 눌렀다.

"왜에?"

오하얀이 성질을 부리며 현관문을 열었다.

"진짜 괜찮냐?"

내가 마음을 굳게 먹고 입안이랑 콧속이랑 확인해 보라고 말하려는 찰나 오하얀은 씩씩거리며 안으로 들어갔다. 그러더니 잠시 후 다시 씩씩거리며 나왔다.

"봐."

오하얀은 바닥이 시커먼 냄비를 보여 줬다.

"벌써 싹싹 긁어 다 먹었거든. 그러니까 꿈 깨."

오하얀이 현관문을 닫아 버렸다.

콧날이 시큰해졌다. 이제 오하얀은 예전의 오하얀으로 돌아가고 있는 중이었다. 나와 오하얀 사이에 흐르던 서먹함이 사라지고 있었다. 그런데 다시 바이러스라니.

아무것도 모르고 짜장라면 얘기만 하는 오하얀이 너무너무 불쌍했다. 나는 방으로 들어와 이불을 뒤집어쓰고 울었다. 실컷 울고 나서 생각했다. 오하얀을 지켜야 한다. 바이러스로부터 오하얀을 꼭 지켜야 한다.

증거 없이 의심하지 말자

민식이네 집앞에서 민식이를 기다렸다. 민식이의 손수건에 문제가 있다면 민식이의 입안이나 콧속이 절대 멀쩡할 리 없다. 나는 두 손을 꼭 모아 쥐고 민식이가 제발 아무렇지도 않기를 간절히 바랐다.

"어? 나동지. 네가 어쩐 일이냐? 설마 나를 기다린 건 아니겠지?"

민식이가 콧구멍을 쑤시며 대문을 열고 나왔다.

"너, 기다린 거 맞아. 이리 와 봐."

나는 민식이를 질질 끌고 골목 끝으로 갔다. 내 눈으로 직접 확인해 봐야 마음이 놓일 거 같았다.

"아, 짜증 나. 다짜고짜 잡아끌면 어떻게 해? 콧구멍을 쑤시고 말았잖아? 아아, 아파라. 피 나나? 피 나겠지. 이 정도로 세게 찔렸는데 피가 안 나면 그게 사람 코야? 로봇 코지. 그리고 저번에 쌍코피도 터졌었잖아. 코피라는 게 한번 나기 시작하면 계속 습관적으로 난다고, 그러니까 코 조심하라고 우리 엄마가 그랬단 말이야. 아이고 아야야."

민식이가 코를 잡아 쥐고 죽는 소리를 했다. 지금 코피가 문제가 아니다.

"어디 보자."

나는 민식이의 고개를 뒤로 확 젖혔다. 마침 찬란한 아침 햇살이 민식이의 얼굴 위로 내리쬐었다. 나는 민식이의 콧구멍 앞으로 얼굴을 들이밀었다. 민식이의 콧속은 시커멨다. 그리고 좁았다. 또 잔털이 수두룩했다. 무슨 애가 코털이 이렇게나 많은지 모르겠다.

나는 눈을 가늘게 뜨고 정신을 집중해서 콧속을 살펴봤다. 좁고 시커멓고 털이 많아서 잘 보이지는 않았지만 샅샅이 살펴본 결과 물집은 없는 것 같기도 했다.

"피 나?"

민식이가 물었다.

나는 대답 대신 민식이의 입을 위아래로 크게 벌렸다. 입안

에도 물집 같은 건 보이지 않았다.

"아, 진짜. 에이, 퉤퉤. 나동지 너 손에다 소금 바르고 왔냐?"

민식이가 내 손을 떼어내며 얼굴을 찡그렸다.

다행이었다. 나는 앞장서서 걸어갔다. 민식이는 따라오는 내내 계속 짜다면서 침을 퉤퉤 뱉었다. 그러거나 말거나 기분이 좋았다. 2학년 아이는 병에 걸렸는지 몰라도 민식이에게는 전염이 안 된 거고 그러면 오하얀도 무사한 거다.

"아 참."

나는 뒤돌아봤다.

"횡단보도에서 2학년 아이를 구해 준 날 손수건 쓰고 나서 빨았냐?"

뭐든 확실한 게 낫다. 민식이는 눈을 끔벅거리며 한참을 생각했다. 그러더니 빨았던 것도 같고 아닌 것도 같다고 했다.

교실로 들어서자 모여서 떠들고 있던 아이들이 순식간에 조용해졌다. 아이들 눈은 모두 민식이를 따라갔다.

"야, 나동지."

성찬이가 쪼르르 달려왔다.

"너 왜 그러냐?"

성찬이는 다짜고짜 따지고 들었다.

"내가 뭘?"

"생전 민식이랑 같이 안 다니던 애가 왜 하필, 지금, 이 상황에서 같이 다니는 거야? 오하얀하고 친한 것도 모자라서 민식이랑 친하다는 말까지 듣고 싶어서 그래? 지금은 친한 사이라도 멀리해야 할 때야. 아휴. 나동지 너는 생각이 있는 거냐, 없는 거냐?"

그때 오하얀이 교실로 들어섰다. 민식이에게 머물러 있던 아이들 눈이 이번에는 오하얀에게로 옮겨 왔다.

정호가 빛의 속도로 오하얀에게 달려갔다.

"하얀아, 괜찮니?"

정호는 다짜고짜 물었다.

"뭐가?"

"네 입안이랑 콧속에 물집 안 생겼느냐고?"

오하얀은 정호를 물끄러미 바라봤다. 잠이 덜 깼냐, 아침부터 알아듣지 못할 소리를 지껄이고 있냐, 정신 좀 차려라, 이런 표정이었다.

"오하얀 너도 민식이 손수건 썼잖아."

그때 홍민정이 말했다. 아이들이 기다리고 있었다는 듯 술렁거리기 시작했다. 오하얀은 홍민정과 정호 그리고 아이들을 번갈아 바라봤다.

"그래, 손수건 썼다. 왜? 손수건으로 입도 닦고 코도 닦았다. 그래서 뭐? 손수건 주인인 민식이도 멀쩡하잖아? 그런데 내가 왜?"

오하얀은 당당한 걸음걸이로 자리로 들어가 앉았다.

"그리고!"

자리에 앉았던 오하얀이 도로 일어났다.

"아무 증거도 없이 사람을 의심하는 거는 진짜 나쁜 거야. 헛소문을 내는 것과 똑같아. 홍민정. 네가 그랬지? 아직 확실하지 않으니까 비밀로 하자고. 나는 이렇게 의심받으면 선생님한테 말할 거야. 비밀로 하지 않을 거라고."

"맞아. 나도 어젯밤에 가만히 생각해 봤는데…… 어제 우리가 민식이한테 너무했어. 꼭 바이러스에 감염된 아이 취급했었잖아. 증거도 없는데 말이야."

오하얀 말에 해창이가 말했다.

"그래, 좋아. 그럼 확실한 증거가 나올 때까지 의심은 하지 말자."

홍민정이 꼬리를 확 내렸다. 헛소문을 낸 게 될까 봐 겁이 나는 모양이었다.

아침에 그런 일이 있고 나서인지 그다음부터는 아주 평화로웠다. 아이들은 민식이나 오하얀을 힐끗거리지 않았다. 하지만 가까이 가지도 않았다.

“2학년 세 명 오늘도 결석했어.”

쉬는 시간에 2학년 교실에 쪼르르 달려갔다 온 정호가 이렇게 말했을 때 교실은 잠깐 술렁였다. 하지만 그 술렁거림은 곧 잦아들었다.

점심시간에 나는 제일 먼저 급식실로 내달렸다. 아침에 민식이 집에 가느라고 아침밥을 먹지 못했다. 3교시부터는 허리를 펼 수가 없을 정도로 배가 고팠다. 등과 배가 딱 달라붙은 것 같았다.

“많이요, 많이요. 산처럼 높이요.”

나는 밥과 반찬을 받으며 간절하게 말했다.

“나동지가 키가 크려고 그러나. 왜 이렇게 많이 달라고 노래를 부르나.”

오하얀 할머니는 하필이면 시금치나물을 산처럼 높이 쌓아 주었다. 많이 달라고 해 놓고 이제 와서 덜어 달라고 할 수도 없어서 그냥 들고 왔다.

밥이랑 다른 반찬은 눈 깜짝할 사이에 다 먹었다. 하지만 시금치나물은 그대로였다. 나는 식판 정리하는 쪽을 돌아봤다.

시금치 먹지마.
시금치 통과!!
수군수군

수군수군
소곤소곤
수군수군
소곤소곤
시금치 #, ⓐ
오하얀 #?!
오하얀 할머니래~

오늘 잔반통 당번은 6학년 회장이었다. 까칠하기가 가시보다 더하고 한번 트집을 잡으면 절대 먼저 놓지 않는 6학년 회장. 시금치나물을 그냥 봐줄 리 없었다.

'전교생이 보는 앞에서 창피를 당하느니 먹자.'

나는 밥을 받기 위해 줄 서 있는 아이들을 구경하며 시금치나물을 한 가닥씩 집어 먹었다. 홍민정과 정호가 앞뒤로 서 있었다.

오하얀 할머니 앞으로 간 홍민정이 갑자기 반찬통 앞에서 멀리 떨어졌다. 그러더니 정호에게 뭐라고 했다. 정호가 홍민정 말을 받으며 무슨 말인가 하자 그 뒤에 서 있는 4학년 아이 눈이 휘둥그레졌다.

"먹어 봐. 오늘 내가 무쳤는데 아주 맛있어."

오하얀 할머니 목소리가 여기까지 들렸다.

홍민정은 시금치나물을 받지 않고 통과했다. 정호도 마찬가지였다. 정호 뒤에 4학년 아이도 머뭇거리더니 시금치나물을 통과했다.

'시금치나물이 먹기 싫어서 그러나? 아, 나도 저렇게 할걸.'

후회가 파도처럼 밀려왔다.

민식이 옆자리가 비어 있었다. 오하얀 옆자리도 비어 있었다. 하지만 아이들은 어제처럼 대놓고 피하는 행동은 하지 않았다.

"너는 왜 오하얀 옆에 안 앉았어?"

정호가 옆을 지나가며 물었다.

"배가 고파서 빨리 와서 밥 먹느라고."

"에이, 거짓말."

정호가 다 알고 있다는 듯 피식 웃으며 말했다. 정호 표정이 은근히 기분 나빴다. 그리고 내가 무슨 거짓말을 했다고.

"빨리 와서 밥 먹었다면서 왜 반찬이 그대로야?"

정호는 턱으로 식판을 가리키며 다시 피식 웃더니 가 버렸다. 나는 시금치나물을 한입에 집어넣고 자리에서 일어났다. 급식실에서 나와 교실에서 손수건을 꺼내 들고 화장실에 가서 손을 씻고 나올 때까지 나는 시금치나물을 삼키지 못했다.

하루가 피곤해도 너무 피곤했다. 집에 와서 가방을 던져두고 잠이 들었다. 얼마나 잤을까, 초인종 소리에 눈을 번쩍 떴다. 방 안은 어두컴컴했다. 몇 시간을 잔 모양이었다.

딩동딩동딩동딩동.

초인종 소리는 요란했다.

"아이고야, 이 초인종 소리는 104호 아니면 오하얀이다."

할머니가 현관문 여는 소리가 들렸다.

"뭐 하나?"

오하얀 할머니 목소리가 들렸다. 꽤 다정한 목소리였다. 나는 자리에서 벌떡 일어났다. 오하얀 할머니가 우리 집에 오다니. 나는 방문을 살짝 열었다.

"저녁 반찬으로 이거 먹어 보라고 가지고 왔지. 황 선생 반찬 교실에서 시키는 대로 해 본 건데 아주 맛있어."

오하얀 할머니가 접시를 건넸다.

"일한다고 고생이 많지?"

할머니 목소리도 다정했다.

"고생은 무슨. 할 만해. 사실은 바이러스 때문에 우리 하얀이 아빠가 하는 푸드트럭이 아주 어려워졌지 뭐야. 어려운 거 빤히 알고 있는데 생활비 받아 쓰는 것도 어쩐지 미안하고. 그래서 내가 작정을 하고 인터넷도 배우고 취직도 한 거여. 3개월밖에 할 수 없어서 좀 아쉽기는 하지만 그래도 그게 어디여.

맛나게 먹어. 나는 얼른 가서 우리 하얀이 저녁 차려 줘야 해."

오하얀 할머니가 서둘러 돌아갔다.

"우리 집에 다리 마사지 기계 있어. 온종일 서 있는 일이니 다리가 아플 거 아니여? 가져다 써."

할머니가 닫힌 현관문을 도로 열고 소리쳤다.

이제 할머니와 오하얀 할머니 사이도 예전으로 살살 돌아오고 있었다.

의심은 의심을 낳고

몇몇 아이들이 오하얀 할머니를 피했다. 오하얀 할머니가 퍼 주는 반찬은 먹지 않았다. 그 아이들 안에 홍민정과 정호는 꼭 들어갔다. 그리고 홍민정과 정호 뒤에 서 있던 4학년 그 아이도 빠지지 않았다.

나는 아이들이 오하얀 할머니를 피하는 이유를 알 수 있었다. 오하얀을 의심하니까 당연히 오하얀 할머니도 의심하는 거다.

나는 오하얀 할머니가 아주 답답했다. 아이들이 반찬을 먹지 않겠다고 피하면 그냥 먹기 싫은가 보다 하고 말면 된다. 편식하는 아이들은 어디에나 꼭 있으니까. 그런데 오하얀 할머니는 그냥 두지 않았다.

"반찬 받아가야지. 이거 진짜 맛있다니까. 한번 맛을 보면 또 먹게 되는 마법의 맛이야."

이러고 불러 세웠다. 오하얀 할머니가 부르는 소리를 못 들은 체하는 아이도 있었다. 어쩔 수 없이 다가가 반찬을 받아 먹어 보지도 않고 나중에 잔반통에 버리는 아이도 있었다.

이틀이 지나자 오하얀 할머니를 통과하는 아이들이 몇 명 더 늘었다. 하지만 소리 없이 행동으로만 옮겨서 그런지 아직 전교생이 다 눈치채지는 못한 것 같았다.

나는 오하얀이 알아차릴까 봐 조마조마했다. 오하얀이 알게 되면 많이 슬플 거다.

나는 급식실에 가면 일부러 오하얀 옆에 앉았다. 예전에는 오하얀 옆에 앉을 때도 있고 앉지 않을 때도 있었다. 하지만 지금은 일부러라도 오하얀 옆에 앉았다.

"고맙다."

오늘 밥을 먹으며 오하얀이 말했다. 그러더니 자기 식판 위에 있던 돈가스 중에 제일 큰 걸 집어 내 식판에 놨다. 나는 오하얀이 준 돈가스를 한입에 넣었다.

"나동지, 돈가스 되게 좋아하네. 더 먹어라."

오하얀은 또 하나를 집어 내 숟가락 위에 올려 주었다. 나는

그걸 또 한입에 넣었다.

"잠깐 물어볼 말이 있는데."

밥을 다 먹고 급식실에서 나오는데 정호 뒤에 서 있던 4학년 아이가 내 앞을 막았다.

"뭔데?"

"여기서 물어보는 건 좀 곤란해. 비밀이거든."

4학년 아이는 주위를 두리번거렸다.

나는 이 아이와 단 한 번도 말을 해 본 적이 없다. 그런데 저랑 나랑 언제 봤다고 비밀이람.

"저쪽으로 가."

4학년 아이가 복도 끝을 가리켰다.

"그렇게 막 먹어도 돼?"

막다른 복도 끝에 선 4학년 아이가 돌아보며 물었다. 심각한 얼굴이었다.

"뭘?"

"아까 돈가스 먹었잖아? 오하얀 누나가 집어 주는 거."

그래, 먹었지. 그런데 그게 왜? 나는 영문을 모르겠다는 표정을 지으며 4학년 아이를 바라봤다.

"함부로 먹으면 안 되는 거 아니야?"

내가 오하얀 거를 억지로 빼앗아 먹은 것도 아니고 뭘 함부로 먹었다는 말인지 알 수가 없었다. 그리고 함부로 빼앗아 먹었어도 그렇다. 제가 뭔데 참견이람.

"네가 참견할 일이 아닌 거 같은데?"

나는 쏘아붙였다.

"홍민정 누나랑 정호 형이 입 다물고 있으라고 해서 모른 척하려고 했는데 이건 참견할 일이야. 저번에 바이러스 때 보고도 몰라? 음식을 같이 먹는 게 제일 위험한 거라고. 너도나도 조심해야 한다고 했는데 그것도 모르다니."

4학년 아이는 한심하다는 얼굴로 나를 아래위로 훑어보더니 가 버렸다. 4학년 아이가 저만큼 갈 때쯤 되어서야 나는 그 아이가 무슨 말을 하는지 알 수 있었다.

기분이 계속 좋지 않았다. 5교시와 6교시가 뭘 배웠는지도 모르게 지나갔다. 선생님 말이 귀에 하나도 들어오지 않았다.

의심은 의심을 낳고 있었다. 2학년 아이의 결석으로 시작된 의심은 민식이를 의심하게 만들었다. 민식이를 의심하면서 오하얀이 의심을 받고 있다. 오하얀이 의심을 받으면서 자연스럽게 오하얀 할머니도 의심을 받고 있다.

의심은 거기에서 끝나지 않을 거다. 누군가 그다음으로 또 의심을 받을 거다. 어쩌면 나일 수도 있다.

솔직히 무섭다. 민식이와 오하얀처럼 의심받고 싶지 않다. 그리고 오하얀 할머니처럼 의심받을까 봐 무섭다.

하지만 더 무서운 건 오하얀이 이 사실을 알게 되는 거다. 오하얀 할머니가 퍼 주는 음식을 받지 않는다는 사실을 오하얀이 알게 될까 봐 무섭다. 아이들이 오하얀 할머니를 꼭 무서운 벌레 피하듯 피한다는 것을 오하얀이 알게 될까 봐 진짜 무섭다.

"나동지."

큰길을 건너 안녕빌라 가는 길목으로 접어들 때였다. 오하얀이 따라오며 불렀다.

"이거."

오하얀 손에는 치즈가 줄줄 흐르는 핫도그가 들려 있었다.

"웬 거냐?"

학교에서 여기까지 오는 길에 핫도그 파는 곳은 없다.

"할머니 친구가 주셨어. 학교 앞에 있는 가게 주인 말이야.

야쿠르트 아줌마가 신제품인데 진짜 맛있다고 하도 선전을 해서 열 개나 샀대. 그런데 전자렌지에 40초를 돌려 보니까 치즈가 튀어나오더래. 할머니 친구는 치즈라면 딱 질색인데 말이야. 전자렌지에서 꺼내는 순간 내가 그 앞을 지나왔거든. 진짜 운 좋지? 먹어라. 나동지, 너 치즈핫도그 좋아하잖아."

오하얀이 핫도그를 내밀었다. 이미 두 입 정도는 베어 먹은 자국이 있었다. 그 자리로 치즈는 계속 흘러나왔다. 고소한 치

즈 냄새가 코를 밀고 들어왔다.

나는 오하얀이 내민 핫도그를 받아들었다.

입에 들어간 치즈는 쫀쫀한 느낌으로 온 입안에 퍼졌다. 씹으면 씹을수록 더 쫀쫀해졌다. 신제품이라는데 대박 날 거 같은 맛이었다.

"진짜 맛있어."

나는 엄지손가락을 치켜올렸다.

"나동지 네가 고마워서 주는 거야. 나도 솔직히 치즈 좋아하는데."

오하얀은 흐뭇한 표정으로 지켜봤다.

단숨에 핫도그를 다 먹고 돌아설 때였다. 삼거리 쪽으로 돌아서는 길목에 서서 이쪽을 빤히 보고 있는 아이가 보였다. 그 아이였다. 4학년 아이.

4학년 아이는 내가 씹던 핫도그를 꿀꺽 다 삼키는 걸 본 다음에야 돌아서서 제 갈 길을 갔다.

"너 오하얀하고 핫도그 같이 먹었다면서? 오하얀이 한 입 먹고 나동지 네가 한 입 먹고, 다시 오하얀이 한 입 먹고 나동

지 네가 한 입 먹고."

아침에 교문 앞에서 만난 정호가 물었다. 4학년 아이가 그새 말한 모양이다.

"그래서 뭐?"

나는 아무렇지도 않은 표정으로 말했다.

"핫도그에 침이 묻었을 텐데."

정호가 얼굴을 찡그렸다.

"야, 너는 안 그랬냐? 너는 네 특기도 잊었냐?"

"내 특기가 뭔데?"

정호가 턱을 치켜들었다. 요즘 홍민정과 친하게 지내더니 턱을 치켜드는 것까지 따라 하고 있다.

"'한 입만!' 이러는 거잖아?"

정호는 아이들이 뭘 먹기만 하면 '한 입만' 하고 입부터 들이대는 아이다. 아이스크림이고 빵이고 사탕이고 종류를 가리지 않는다. 내가 직접 본 건 아닌데 2학년 때인가 성찬이가 씹고 있는 풍선껌을 제발 반만 나눠 달라고 졸졸 쫓아다니며 졸랐다고 했다. 풍선 부는 게 신기하다고 저도 불어 보고 싶다고 말이다. 그러고는 기어이 반을 뺏어가 씹었다고 했다. 핫도그에 묻은 침 정도는 비할 게 못 된다. 돈가스를 나눠 먹는 거하고는 비교도 안 된다.

"씹던 풍선껌도 뺏어 먹었다면서?"

"누가 그래?"

정호가 두 주먹을 꼭 쥐었다.

"성찬이가 그러지 누가 그러긴."

나는 말을 하다 아차 싶었다. 성찬이는 그 말을 해 주면서 비밀이라고 그랬었다. 정호가 들으면 자존심 상할 수도 있다고 말이다.

증인이 너무 확실한 탓인지 정호는 아무 말도 하지 않고 한참을 씩씩거리고 서 있었다.

"하지만 그건 예전의 일이지. 지금하고 그때하고는 달라."

한참 후에 정호가 말했다.

"그때는 심각한 신종 바이러스가 없었을 때야."

정호는 한마디 더 했다.

억울해도 참아야 해

오하얀이 결석을 했다. 선생님은 오하얀이 아프다고 했다. 어제저녁까지만 해도 오하얀은 아무렇지 않았다. 아프기는커녕 기운이 펄펄 났다. 게임도 잘하고 엄마가 쪄 준 만두도 앉은 자리에서 다섯 개나 먹었다.

"오하얀이 어디가 아파요?"

아이들이 물었다.

"몸살 난 거 같대. 오늘 병원에 가 봐야 확실한 건 알 수 있지만 말이야. 오랜만에 규칙적인 생활에 적응하다 보니 몸살도 날 수 있지. 면역력이 떨어져 아프기도 하고 말이다. 다들 건강 조심해. 아 참, 손 열심히 씻고 있지? 감기는 손을 잘 씻는 것만으로 충분히 막을 수 있어."

선생님은 손을 열심히 씻어서 손수건이 낡아지면 다시 손수건을 선물하겠다고 했다.

오하얀이 몸살이라니 믿을 수가 없었다. 오하얀이 누구인가? 우리 엄마도 낑낑거리는 쌀포대를 번쩍번쩍 드는 아이가 바로 오하얀이다. 태어나서 지금까지 보약이나 영양제 같은 건 단 한 번도 먹어 본 적 없지만 어디 가면 늘 듣는 소리가 '아기 때 보약을 많이 먹었나 보네'라던 오하얀이었다. 웬만해서 감기에 잘 걸리지도 않지만 감기에 걸려도 약 같은 건 잘 먹지 않는다는 오하얀. 우리나라 5학년 아이들을 죄다 모아 놓고 누가 제일 튼튼한가 대회를 하면 1등을 하고도 남을 오하얀이다. 그런 오하얀이 몸살이라니.

쉬는 시간에 몇몇 아이들이 나에게 몰려왔다.

"오하얀 어디가 아프냐?"

"진짜 몸살 맞냐?"

아이들은 너도나도 앞다퉈 물었다. 선생님이 몸살이라고 했으면 몸살인가 보다 생각하면 될 것을 사람을 귀찮게 했다.

"나동지. 솔직히 말해 봐."

정호가 말했다.

솔직히 말할 것도 없지만 말할 게 있어도 정호한테는 안 한다.

"나는 알겠는데."

그때 홍민정이 팔짱을 낀 채 눈을 가늘게 뜨고 말했다.

"뭘 알아?"

정호가 쪼르르 홍민정에게 달려갔다.

"궁금해? 말해 줘?"

"응, 궁금해, 말해 줘."

"몸살과 같은 증상이 있는 거야. 물집도 생기고 몸살이 난 거처럼 아픈 거지."

"야. 오하얀이 진짜 몸살일 수도 있잖아? 민식이가 아무렇지도 않은 게 그 증거야. 증거보다 더 중요한 게 어디 있냐? 민식아, 너는 아무렇지도 않은 거지?"

그때 해창이가 물었다.

"콧속이 여전히 가렵다는 거 빼고는."

열심히 콧구멍을 후비고 있던 민식이가 고개를 끄덕였다.

"알았다."

홍민정이 슬며시 꼬리를 내렸다.

"증상이라는 게 사람마다 다 다르지 뭐. 또 증상이 나타나는 사람도 있고 나타나지 않는 사람도 있어. 저번 바이러스 때 보고도 몰라?"

홍민정이 중얼거렸다.

나는 점심시간에 오하얀 할머니한테 오하얀이 얼마나 아픈지 물었다. 오하얀 할머니는 몸살이라고, 내일이면 툭툭 일어날 정도이니 걱정하지 말라는 말도 했다.

학교를 마치자마자 집으로 뛰어갔다.

"우리 동지가 웬일로 이렇게 일찍 왔지? 20분 정도 더 있어야 올 시간인데."

할머니와 안녕빌라 앞 공터에서 만났다.

"예."

나는 대충 대답하고 달렸다.

"뭐가 그렇게 바빠?"

할머니가 뒤에서 소리쳤다. 나는 뒤돌아보지 않았다.

딩동딩동딩동.

나는 104호 초인종을 눌렀다. '딩동딩동딩동.' 오하얀과 오하얀 할머니가 누르는 초인종 소리가 났다. 초인종 소리가 어떻게 하면 그렇게 호들갑스럽게 들릴 수가 있나, 그동안 궁금했는데 오늘 그 궁금증이 풀렸다.

현관문을 여는 오하얀을 보는 순간 가슴이 철렁 내려앉았다. 얼굴이 눈에 띄게 핼쑥해졌다.

"어디가 아파?"

"선생님이 말씀 안 하셨어? 몸살이야, 몸살. 여기 어깨부터 발가락 끝까지 다 쑤셔."

"갑자기 웬 몸살? 너도 몸살에 걸리냐?"

"그럼 나동지 너는 내가 몸살이 아니라 무서운 병에라도 걸렸으면 좋겠냐?"

아니 무슨 그런 말을. 나는 당황했다. 나는 그저 걱정이 되어서 그랬을 뿐이다. 아파서 그런지 오하얀이 예민한 거 같았다.

"스트레스를 받으면 면역력이 떨어지고 면역력이 떨어지면 안 아프던 사람도 아픈 거야. 아침부터 아무것도 못 먹어서 힘도 없다. 그러니까 말 그만 시키고 가라."

오하얀이 현관문을 닫으려고 했다.

"너 어제는 신나서 게임 했잖아?"

어제 오하얀은 스트레스를 받은 아이 같지는 않았다.

"나동지, 너는 뭘 몰라도 너무 몰라."

오하얀이 혀를 쯧쯧 찼다.

"내가 너네 집에 놀러 갈 때 뭐라고 하고 갔는지 잊었어? 생각하기 싫은 게 자꾸 생각나서 그렇다고 말했잖아? 신나서 게임을 한 게 아니라 게임을 해야 생각하기 싫은 게 생각 안 날 거 같아서 그랬어. 나도 다 알고 있거든. 우리 할머니를 슬슬 피하는 아이들이 있다는 걸. 할머니는 그것도 모르고 편식하면 안 된다고 억지로 반찬을 퍼 주려고 해. 그런 걸 볼 때마다 스트레스가 장난 아니야."

오하얀이 한숨을 푹푹 내쉬었다.

나는 오하얀 마음을 알 거 같았다. 예전 같으면 오하얀은 억울한 일이 있으면 대놓고 따지는 아이였다. 따지다가 화나면 싸우기도 했었다. 하지만 이번에는 그럴 수가 없었을 거다.

'할머니 때문에.'

나도 덩달아 한숨을 쉬었다.

"내가 선생님한테 말할까?"

나는 진심으로 말했다.

"안 돼."

오하얀이 딱 잘라 말했다.

"왜? 그냥 계속 억울하게 지낼 거야? 스트레스 받아 몸살까지 나 가면서?"

"너도 생각해 봐. 선생님한테 말하면 선생님이 어떻게 하시겠니? 홍민정과 다른 아이들을 불러서 그 일에 대해 자세히 묻겠지?"

"그렇겠지. 그런 다음 그 아이들은 남을 함부로 의심했다고 야단맞을 테고."

"답답하네. 그게 아니야. 할머니는 급식 도우미를 중단해야 해."

"왜에?"

"진짜 바이러스에 전염되고 전염되지 않고는 중요하지 않

아. 뉴스고 인터넷이고 어느 곳에서도 새로운 바이러스에 대한 말은 없어. 그러니까 새로운 바이러스는 생기지 않았다는 말이야. 하지만 저번에 바이러스를 겪으면서 작은 것도 그냥 지나쳐서는 안 된다는 것을 알게 되었잖아. 선생님은 교장 선생님한테 말할 거야. 그러면 교장 선생님은 할머니에게 일단 급식 도우미를 그만두고 집에 있으라고 할 거야."

오하얀 말이 맞는 것 같았다. 새로운 바이러스가 생기지 않았어도 그냥 넘어가지는 않을 거다.

"알았어. 나는 그냥 가만히 있을게. 공연히 의심받고 있는 게 속상하긴 하지만. 그런데 스트레스 받고 아파도 먹어야지. 왜 아침부터 아무것도 안 먹었어?"

나는 오하얀을 측은한 눈으로 바라봤다.

"아파서 못 먹어."

"입이 아픈 건 아니잖아. 우리 할머니가 그러는데 아프면 억지로라도 먹어야 빨리 낫는다고 했어."

"입 아픈 거 맞아."

오하얀이 입을 쩍 벌렸다. 입안 깊숙이 흔들리는 목젖이 보였다.

"여기 봐. 여기."

오하얀이 어금니 윗부분을 손가락으로 짚었다. 어금니 윗부분이 하얗게 일어나 있었다. 그리고 그 중간에는 빨갛게 변해 있었다.

"왜 그러냐?"

"물집이 생겼다 터졌어. 아침에 터졌는데 다시 생기기 시작하고 있어. 내가 원래 스트레스를 잘 안 받는 편인데 스트레스를 받으면 입안에 물집이 생겨. 완전히 나으려면 일주일도 넘게 걸

리는데 따가워서 아무것도 못 먹어. 1학년 때하고 2학년 때 한 번씩 그러고는 처음이야."

오하얀은 1학년 때 무슨 일로 스트레스를 받았고 2학년 때는 또 어떤 일로 스트레스를 받았는지 이야기했다. 그러나 내 귀에는 아무 말도 들어오지 않았다.

'물집이 생겼어.'

이 말만 귓가에 맴돌았다. 수백 마리의 모기떼들이 한꺼번에 몰려든 거 같았다.

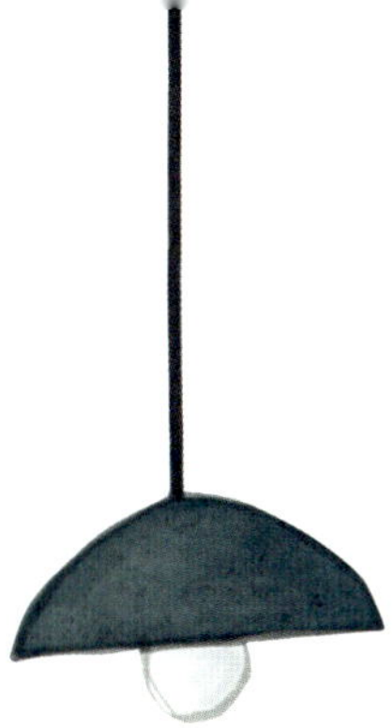

오하얀이 불쌍하다

밤을 꼴딱 샜다. 어쩌다가 오하얀에게 그런 일이 일어났을까. 믿을 수가 없었다. 믿을 수 없는 만큼 오하얀이 불쌍하기도 했다.

오하얀은 엄마 아빠와 헤어져 할머니와 둘이 산다. 생일에 엄마 아빠의 축하를 받는 나를 오하얀은 무척 부러워했다. 오하얀 엄마 아빠는 오하얀 생일을 잘 기억하지 못한다면서 말이다. 어떤 해에는 기억하고 어떤 해에는 기억하지 못하는데 기억한다고 해도 전화로 '축하해' 한마디면 끝이라고 말이다. 오하얀은 생일날 케이크를 자르고 가족끼리 외식을 하고 또 선물을 받는 게 꿈이라고 했다. 그 꿈은 절대 거창하지 않다. 그런데 그 꿈을 이루기도 전에 무서운 바이러스에 전염되었을지도 모르다니.

밤이 깊을수록 슬픈 마음은 태산처럼 높아지고 나는 훌쩍훌쩍 울었다. 아침에 일어났을 때 눈이 약간 부어 있고 눈동자는 토끼눈처럼 벌겠다.

"동지야. 네 눈이 왜 그러니?"

아침을 먹으며 내 눈을 본 엄마가 놀랐다.

"진짜, 우리 동지 눈이 왜 그러냐?"

할머니와 아빠 눈도 휘둥그레졌다.

"아무것도 아니야. 어젯밤에 내가 아주 슬픈 책을 읽었거든. 얼마나 슬픈지 눈물이 줄줄 흐르는 거야. 자려고 누웠는데도 자꾸 책 내용이 생각나서 밤새 울었어. 그래서 그런 거야."

엄마와 아빠 그리고 할머니는 할 말을 잊고 나를 바라봤다. 하긴 내가 책을 읽고 울기까지 했다니 믿을 수가 없긴 할 거다.

"책을 읽고 울었다니 좋은 일이네. 휴, 요즘은 어디가 조금만 아픈 거 같으면 깜짝깜짝 놀란다니까. 자라 보고 놀란 가슴 솥뚜껑 보고 놀란다고 바이러스 겪으며 놀란 가슴 책 읽다 울어 벌게진 눈 보고 놀라네. 많이 먹어."

엄마가 내 밥숟가락 위에 고등어 한 점을 올려 줬다.

나는 엄지손가락만 한 고등어 살점을 멍하니 바라봤다. 이걸 먹어도 되나? 이런 생각이 스치고 지나갔다. 바이러스가 한창 출몰할 때는 먹던 음식을 나눠 먹지 말라고 했다. 숟가락과 젓가락에 바이러스가 붙어 있을 수도 있다고 했다.

나는 고개를 흔들어 그 생각을 털어냈다.

바이러스는 나쁘다. 바이러스는 진짜 나쁘다. 가족까지도 의심하게 만든다. 이미 바이러스는 가 버렸는데 그 의심은 남아서 엄마까지 의심하게 만든다.

나는 고등어가 얹어진 밥을 입안 가득 넣고 냠냠쩝쩝, 일부러 크게 소리를 내어 씹었다.

학교 가는 길에 104호 앞에서 한참 서 있었다. 오하얀이 궁금하긴 한데 초인종을 누를 수가 없었다. 오하얀이 바이러스에 전염되었을까 봐가 아니다. 오하얀을 보면 눈물이 나올지도 몰라서다.

'제발 제발 오하얀이 진짜 스트레스를 받아 물집이 생긴 걸로 해 주세요.'

나는 누군가에게 진심으로 빌었다. 세상에 태어나 이렇게 간절하게 비는 건 처음이었다. 저번에 성찬이도 이렇게 빌어서 소원성취했다. 선생님 뼈가 부러지지 않고 멀쩡했었다.

'소원을 들어주신다면 앞으로 엄청 착한 나동지가 되겠습니다.'

허공에 대고 새끼손가락을 내밀며 약속까지 했다.

나는 입을 꾹 다물고 있었다. 오하얀에게 물집이 생겼다는 말은 절대 하지 않았다. 하지만 점심시간이 지나고 나서 그 소문이 교실에 쫙 퍼졌다.

"누가 그래?"

나는 성찬이가 내 귀에 대고 해 주는 말을 듣고 기절하는 줄 알았다.

"해창이가. 해창이는 정호가 민식이한테 하는 말을 들었대."

나는 당장 정호한테 달려갔다.

"누, 누, 누, 누가 그래?"

말이 저절로 더듬어졌다.

"뭐가?"

"오, 오, 오, 오하얀이 물집 생겼다고, 누가 그랬느냐고?"

정호는 대답 대신 홍민정을 턱으로 가리켰다. 그래, 홍민정 너구나! 나는 홍민정에게 가까이 다가가 쏘아봤다.

"나동지. 왜 그래?"

"허, 헛, 헛소문 내면 안 되는 거 알지? 저번 바이러스 때도 처음에는 가짜뉴스가 엄청 많았어. 그래서 가짜뉴스를 조심해야 한다고 그랬고. 그런데 너 왜 헛소문 내고 다녀? 오하얀이 의심받는 게 그렇게도 좋아?"

"나는 헛소문 낸 적 없거든."

홍민정이 잘라 말했다.

"누가 그랬는지 말해 봐."

"궁금해? 말해 줘?"

홍민정이 팔짱을 끼고 말했다. 딱 걸려들었다. 하지만 궁금하지 않다고, 말하기 싫으면 관두라고 할 수가 없었다.

"응, 궁금해. 말해 줘."

나는 조금도 망설이지 않고 대답했다. 홍민정이 더 가까이 다가오라는 손짓을 했다. 나는 홍민정에게 바짝 다가갔다.

"확실하게 사실이라는 게 밝혀질 때까지 누구에게도 말하지 마. 비밀이야."

홍민정이 말했다. 이미 비밀도 아니다. 정호도 알고 해창이도 안다. 민식이와 성찬이도 알고 있다. 나까지 알게 되면 홍민정 포함 여섯 명이 알게 되는 거다. 우리 반 아이들 3분의 1이 알게 되는 거다. 그리고 한번 이런 식으로 말이 새어 나가면 비밀은 더 이상 비밀이 아니다.

홍민정이 내 귀를 잡아당겼다.

"오하얀 할머니가 말해 줬어."

'오하얀 할머니'라는 말이 귓속으로 파고드는 바로 그 순간 나는 정신이 멍해졌다. 잘못 들은 건 아닌가 내 귀를 의심했다.

"뭐, 뭐라고?"

"오하얀 할머니가 말해 줬다고."

홍민정이 다시 속삭였다.

나는 홍민정 팔을 잡아끌고 복도로 나왔다.

"진짜야? 진짜로? 진짜 그랬냐고?"

진짜 오하얀 할머니가 그런 말을 했느냐고 묻고 싶은데 내 입에서는 '진짜'라는 말만 계속 나왔다.

"응. 진짜로 오하얀 할머니가 말해 주었어. 점심시간에 내가 물어봤거든. '오하얀 몸살은 어때요?'라고. 그랬더니 아직도 온몸이 푹푹 쑤신다고 한다면서 입안에 물집까지 생겼다고 했어. 그런데 있잖아."

홍민정이 무슨 말인지 할 듯 말 듯 망설였다.

"이상해, 그렇게 엄청난 소식을 듣고 나니까 이상해. 아이들한테 대놓고 말할 수가 없어. 이걸 뭐라고 표현해야 하는 건지 모르겠네. 진짜 저번 바이러스처럼 무서운 바이러스일 수 있다는 생각이 드니까 막 떠들 수가 없는 거 있지."

듣고 보니 그랬다. 예전의 홍민정 같았으면 그렇게 엄청난 뉴스거리가 생기면 이렇게 하지 않았다. 급식실에서 돌아오는 즉시 교실 앞에 서서 대단한 소식이 있다고 호들갑을 떨었을 거다.

"궁금해? 궁금하면 말해 줄까?" 이러면서 말이다. 하지만 호들갑을 떨면서 말하지 않아도 말은 조용히 퍼져 나가고 있었다.

"오하얀은 스트레스로 입안에 물집이 생긴 거야. 스트레스를 받으면 입안이 터지기도 하고 입가가 헐기도 해. 그런 일은 흔히 있는 일이야. 오하얀 할머니가 그 말은 안 해 주었어?"

"스트레스? 오하얀이 스트레스를 받았다고?"

홍민정 입가로 웃음기가 스치고 지나갔다. 오하얀은 스트레스를 받지 않는다는 뜻일 거다.

"응. 스트레스가 확실해."

나는 힘주어 말했다.

"나동지. 너는 괜찮니?"

돌아서는데 홍민정이 물었다.

"뭐가?"

"입안 괜찮냐고?"

"내 입안?"

"오하얀이랑 핫도그 같이 먹었다면서? 정호가 그러던데?"

쾅! 뭔가 내 뒤통수를 내리치는 느낌이었다.

자리에 앉아 창밖을 내다보는데 머릿속이 텅 빈 듯 멍했다. 텅 빈 머릿속은 시간이 지나면서 조금씩조금씩 생각들로 차올랐다. 얼마 후 머릿속은 말도 못 하게 복잡해졌다. 그러더니 눈물이 찔끔찔끔 삐져나왔다.

오하얀이 불쌍하기도 하고 오하얀 할머니도 불쌍했다. 걱정이 되기도 했다. 그런데 오하얀과 오하얀 할머니가 걱정이 되는 게 아니라 나도 걱정이 되었다. 만약 오하얀이 스트레스로 입안에 물집이 생긴 게 아니라면 말이다.

'나동지. 너 왜 그러는 거야?'

나는 내 머리를 쥐어박았다. 이런 생각을 하는 내가 의리 없는 아이처럼 생각되었다. 하지만 그 생각은 점점 더 커졌다.

내가 제일 불쌍하다

"얘가 지금 무슨 소리를 하는 거야? 나동지. 너 아직 잠이 안 깬 거니? 찬물에 세수하고 와."

엄마가 미역국 간을 보다 말고 돌아봤다.

"진짜야, 엄마."

나는 심각하게 말했다.

"뭐가 진짜야? 갑자기 아침에 일어나자마자 '엄마 내가 죽으면 어떨 거 같아?' 묻고는 진짜라고? 나동지. 아무리 장난을 치고 싶어도 그렇지. 아빠 생신날 아침에 아들이라는 놈이 그러고 싶어, 응?"

아, 오늘이 아빠 생신이었구나.

"대체 무슨 꿈을 꾼 거야. 얼른 가서 세수하고 정신 차리고 와."

엄마가 소리를 질렀다.

아빠 생일이라고 하니 더는 아무 말도 할 수 없었다.

아침을 먹고 일찍 나왔다. 터벅터벅 걷고 있는데 저만큼에서 민식이가 오고 있었다.

"나동지."

민식이가 손을 번쩍 들고 아는 체했다. 그런데 민식이가 달라졌다. 콧구멍을 쑤시지 않았다.

"너 왜 콧구멍 안 쑤셔?"

나는 민식이에게 물었다.

"이제 거의 다 나았어. 어젯밤부터 콧속이 시원해졌어. 의사 선생님도 약은 이제 그만 끊어도 좋겠다고 말씀하셨고. 아, 진짜 지겨웠다, 지겨웠어. 마스크를 쓰고 다닌 부작용이 이 정도로 나를 힘들게 할 줄 몰랐다. 처음 입가에 오돌도돌 좁쌀 같은 게 날 때만 해도 그러고 말겠지 했거든. 내 콧속 좀 볼래? 깨끗해 보이지 않냐?"

민식이가 얼굴을 쳐들었다.

민식이 콧구멍 안은 저번과 똑같았다. 여전히 좁고 어둡고 그리고 잔털이 수북했다.

"아주 깨끗하다."

나는 심드렁하게 말했다. 민식이의 콧구멍에 대해 이러쿵 저러쿵 말할 기분이 아니었다.

"내 손수건에도 아무 문제가 없다는 게 증명된 거지."

민식이의 목소리가 경쾌했다. 민식이는 좋겠다. 무서운 바이러스와 상관없어서 말이다. 찜찜한 기분이 싹 달아나서 말이다. 민식이가 부러웠다.

"그런데 오하얀 입안에 물집이 생겼다면서? 아이들은 오하얀을 의심하는데 나는 아니다. 나도 의심받아 봐서 잘 아는데 그 기분 진짜 이상해. 한마디로 표현할 수는 없는데 말이야. 가만히 앉아 있어도 공연히 눈물이 팍 쏟아지기도 하고 무인도에 혼자 있는 것처럼 쓸쓸하기도 해. 그러면서 정말 무서운 바이러스에 감염된 거면 어쩌나 무섭기도 하고 말이야."

나는 민식이가 그동안 어떤 마음이었는지 이제야 알 수 있었다. 콧구멍 쑤시느라 다른 생각은 전혀 하지 않고 있는 줄 알았었는데.

"너도 괜찮을 거야."

나는 민식이의 말을 들으며 확실히 알 수 있었다. 나도 민식이처럼, 오하얀처럼 똑같이 아이들의 의심을 받고 있다는 것을.

교실로 들어서는데 아이들 눈이 모두 나에게 쏠렸다.

'적어도 우리 반 아이들 절반 정도는 알고 있는 거 같아.'

오후가 되면 나와 오하얀이 하나의 핫도그를 나눠 먹었다는 사실을 우리 반 아이들 모두가 알게 될 거다.

나는 수업시간 내내 창밖만 바라봤다. 선생님 말은 귓가에서 흩어져 내렸다.

"휴."

한숨을 쉬고 나자 콧잔등이 찡해졌다. 눈물이 나왔다.

"선생님. 나동지 울어요."

그때 정호 목소리가 울려 퍼졌다. 나는 깜짝 놀라 얼른 손등으로 눈물을 닦았다.

"동지야, 무슨 일 있니? 그렇지 않아도 딴생각을 하고 있는 것 같아서 왜 그러나 생각 중이었는데."

선생님 목소리가 하도 부드러워서 눈물이 왈칵 쏟아졌다.

"흐엉흐엉."

나도 모르게 울음소리도 터져 나왔다.

"동지야. 왜 울어. 울지 마."

성찬이가 다가와 내 어깨를 토닥였다. 그러자 더 눈물이 났다.

"동지야."

선생님이 다가왔다.

"왜 울어? 이유를 말해 줘야 선생님이 너를 도와줄 수 있어."

오늘따라 선생님 목소리가 왜 저렇게 다정한지 모르겠다.

"흐엉흐엉. 오하얀이 불쌍해요."

오하얀이라는 말을 하자 콧물도 줄줄 흘렀다.

"오하얀이 불쌍해?"

선생님이 물었다.

"오하얀 할머니도 불쌍해요. 흐엉흐엉."

"오하얀 할머니가 왜 불쌍해?"

선생님이 물었다.

"그런데요. 으아아앙."

나는 아예 통곡을 했다.

"저도 불쌍해요. 오하얀도 불쌍하고 오하얀 할머니도 불쌍

오하얀이 불쌍해요
으아아앙
으아아앙
오하얀 할머니도 불쌍해요
저도 불쌍해요
으아아앙

한데 제가 더 불쌍해요."

말을 하면서 내가 왜 이렇게 말할까, 이러면 안 되는데, 하는 생각이 들었다. 하지만 입은 이미 내 입이 아닌 것 같았다. 그동안 있었던 일을 마법에 걸린 듯 선생님에게 줄줄줄 다 이야기했다.

내가 말을 끝냈을 때 교실은 조용하다 못해 고요했다.

'내가 무슨 말을 한 거지?'

그제야 나도 정신이 돌아왔다.

"그러니까 나동지가 한 말을 정리하면 말이야."

선생님은 손가락으로 턱을 문지르며 말했다.

"콧구멍을 쑤시며 다니던 민식이가 어느 날 횡단보도에서 사고가 날 뻔한 2학년 아이를 도와주었어. 그날 민식이는 자기 손수건으로 그 아이의 눈물콧물을 닦고 피도 닦았어. 여기까지 맞지?"

나는 선생님 말에 고개를 끄덕였다.

"그 아이가 눈물콧물을 닦고 피를 닦았던 손수건으로 오하얀이 양치질을 한 다음 입 주변을 박박 문질러 닦았고. 여기까지도 맞지?"

나는 선생님의 말에 또 고개를 끄덕였다.

"그런데 2학년 아이가 결석을 했어. 지금까지도 그 아이는 계속 결석 중인데 중요한 건 그 아이와 친하게 지내는 두 명도 같이 결석을 하기 시작했어. 셋은 똑같은 증상으로 결석을 하고 있는 거지. 입안에 물집이 생기는 병. 여기까지도 맞지?"

그냥 쭉 말하면 될 텐데 선생님은 자꾸 물었다. 덩달이 자꾸 고개를 끄덕이고 있으니 내가 꼭 그 일에 대해 가장 유력한 증인인 것 같은 생각이 들었다. 나는 절대 그렇지 않다.

"더 중요한 것은 오하얀이 결석을 시작했는데 알고 보니 입안에 물집이 생겼다는 거야. 맞지?"

휴. 나는 한숨을 쉬며 고개를 끄덕였다.

"그런데 나동지가 그것보다 더, 더 중요하게 생각하는 건 오하얀이 먹다 준 핫도그를 먹었다는 거지. 맞지, 나동지?"

'아니, 선생님, 그런 식으로 말씀을 하시면…… 곤란하지요'라는 말이 입밖으로 튀어나오려고 했다. 하지만 선생님이 하나하나 정리해서 말하는 걸 듣다 보니 틀린 말은 아니었다.

"휴, 그런 일이 있었으면 미리 선생님한테 물어보지 그랬니."

선생님이 한숨을 쉬었다.

"자, 우리 하나하나 따져 보자. 2학년 아이들 셋이 똑같은 증상으로 결석했다는 사실을 처음으로 알린 사람은 누구지?"

선생님 말에 모두들 홍민정을 바라봤다.

"홍민정이요."

모두들 홍민정을 쳐다본 것만으로 홍민정이 그랬다는 것을 선생님도 알 거다. 그런데 정호는 굳이 홍민정 이름을 불렀다. 며칠 동안 홍민정을 졸졸 따라다니면서 궁금한 건 모조리 쏙쏙 집어 먹어 놓고 말이다. 의리라고는 눈곱만큼도 없는 놈 같으니라고. 나는 '놈'이라는 말을 중얼거리다 얼른 고개를 흔들었다. 나도 모르게 한 말이다.

"홍민정은 그때 선생님한테 먼저 물어봤으면 좋을 뻔했구나. 2학년 아이들이 왜 결석을 했는지. 그리고 너희들도 홍민

정에게 그런 말을 들었을 때 선생님한테 물어봤으면 좋을 뻔했어. 무서운 바이러스에 전염되었을지도 모른다고 하는데 그게 사실이냐고. 2학년 아이들은 말이다, 전염병에 걸린 거 맞아."

선생님 말에 고개를 숙이고 있던 아이들이 동시에 고개를 반짝 들었다.

"맞아요?"

"진짜요?"

"그런데 왜 민식이는 멀쩡할까요?"

"나동지, 어떻게 하냐?"

아이들 목소리가 폭죽처럼 터졌다.

"조용, 조용! 전염병이 맞긴 맞는데 우리가 다 아는 전염병이야. 우리들 중에도 그 병을 앓은 아이가 많을 거고. 이 전염병은 한 번 앓고 나서 또 앓기도 하지. 온몸에 물집이 생기고 입안이며 콧속에 물집이 생기는 병, 수족구병이라고 들어 봤지?"

"알아요, 수족구병."

해창이가 손을 번쩍 들고 말했다. 나도 수족구병이 뭔지 알고 있다. 1학년 때 앓았는데 손발에 물집이 생기고 가렵고 아프고 열도 펄펄 났었다. 설사도 하고 말이다.

"2학년 아이들 셋은 수족구병으로 결석을 하고 있어."

"수족구병이었어요?"

아이들이 합창을 하듯 말했다.

그 순간 오하얀이 먹다 만 핫도그를 먹어서 내가 제일 불쌍하다는 말은 괜히 했다는 후회가 폭풍처럼 몰아쳤다. 하지만 이미 늦었다.

있는 돈을 탈탈 털어 입에 넣기만 해도 살살 녹는 과자를 샀다. 얼마나 살살 잘 녹으면 이름까지 '사르르볼'일까.

디잉도옹 디이이도옹 디이이이도옹.

나는 천천히 104호 초인종을 눌렀다. 안에서 '다다다닥!' 뛰는 소리가 들리더니 현관문이 벌컥 열렸다.

"야. 너는 누군지도 안 물어보고 문부터 발칵 열면 어떻게 해? 그러다 도둑이라도 들어오면 어쩌려고? 너 도둑 이길 수 있어?"

나는 있는 대로 인상을 쓰며 말했다.

"별걱정을 다 하네. 초인종까지 누르고 들어오는 도둑이 어디 있냐? 아니다, 인터넷 보니까 그런 도둑도 있는 거 같더라. 다음부터는 조심해야겠네. 그런데 왜?"

"이거. 살살 녹으니까 힘들여 씹을 필요도 없어. 그리고 다른 과자보다 훨씬 싱거워. 별로 따갑지도 않을 거야."

나는 과자를 오하얀 턱밑으로 내밀었다.

"왜?"

"응?"

"왜 네가 나한테 이걸 사 주느냐고?"

"그, 그, 그야 치, 치, 친구니까. 친구가 아프니까."

"그래? 고맙다."

오하얀은 과자를 낚아채듯 받아들고 현관문을 닫았다.

"입안은 좀 어때? 너 혹시 수족구병이냐?"

나는 닫힌 현관문에 대고 소리쳤다.

"이제 거의 나았어. 스트레스라고 했잖아."

찌지직! 과자봉지 찢는 소리가 들렸다.

'아, 내가 불쌍하다는 얘기는 진짜 괜히 했어. 내 걱정만 하는 아이로 보일 거잖아.'

다시 한번 후회가 밀려왔다. 오하얀이 알게 되면 섭섭하다고 할 거다. 다시는 놀지도 말고 아는 척도 하지 말자고 화를 낼 수도 있다.

'아아아악.'

나는 머리를 마구 헝클어뜨리며 집으로 들어왔다.

'오하얀이 아주아주 오래오래 입안에 물집이 낫지 않도록 해 주세요. 아프지는 않고 그냥 물집만 오래오래. 그래서 학교에 결석을 좀 오래하도록 해 주세요.'

나는 이렇게 빌고 있었다. 아이들이 그 일에 대해 잊을 때쯤 오하얀이 학교에 왔으면 좋겠다.

뻔뻔한 바이러스

"나동지 너 무슨 걱정 있지?"

성찬이가 물었다.

"그 걱정이지? 오하얀에 대한 거."

성찬이는 족집게처럼 내 걱정을 알아냈다. 나는 고개를 끄덕였다.

"홍민정 때문에 나동지가 걱정병에 걸려서 죽게 생겼다. 얼굴이 아주 누렇게 떴네."

그때 정호가 큰소리로 말했다. 나와 성찬이가 하는 말을 들은 모양이다. 하여간 정호는 못 말린다. 남들이 하는 말을 잘도 엿듣는다. 거기에다 툭툭 나서기도 잘한다.

"홍민정 네가 책임져라."

정호가 한마디 더 했다. 어제까지만 해도 홍민정을 꼬리치럼 따라다니더니 완전히 달라졌다.

"내가 뭘 책임져?"

홍민정이 새쭉하니 말했다

"네가 아는 것처럼 말하니까 다들 믿은 거잖아? 네가 평소에도 아는 게 많으니까 네 말이라면 믿을 수밖에. 솔직히 너도 오하얀이 오면 어떻게 나올까, 걱정이 되긴 하지?"

홍민정을 탓하는 말인지 칭찬하는 말인지 헷갈렸다. 홍민정은 아무 말도 하지 않았다. 정호 말을 듣고 보니 홍민정도 걱정이 되긴 하겠다.

"나만 그러니? 매일 쪼르르 따라다니면서 나불거리던 너는 괜찮고?"

홍민정이 쏘아붙였다. 그러고 보니 정호도 걱정이 되겠다.

"뭐, 나만 그랬냐? 수군거린 아이들 많거든."

정호가 말했다.

"나는 아니다. 그동안 나는 콧구멍을 쑤시느라고 바빠서 다른 거에 신경 쓸 시간도 없었다."

민식이가 큰소리로 말했다.

"네가 콧구멍을 쑤시는 바람에 시작된 일이잖아? 그러니까 따지고 보면 네 탓이 제일 커."

홍민정이 이때다 싶었는지 민식이한테 뒤집어씌우려고 했다.

"야, 누구는 콧구멍을 쑤시고 다니고 싶어서 그런 줄 아니? 나도 힘들어 죽는 줄 알았어. 그건 내 탓이 아니라 바이러스 탓이야. 바이러스 때문에 마스크를 쓸 수밖에 없었잖아."

민식이가 바이러스 탓을 했다.

"아, 좋은 생각이 났어."

홍민정이 책상을 탁 치고 일어났다. 아이들 눈이 모두 홍민정에게 쏠렸다. 홍민정은 교실 앞으로 나갔다.

"무슨 생각?"

성찬이가 물었다.

"궁금해? 말해 줘?"

"홍민정! 너는 지금 그러고 싶니?"

성찬이가 화를 냈다.

"맞아. 지금 그럴 때가 아니지."

"잘난 척도 상황 봐 가면서 해라."

아이들이 앞다퉈 말했다.

"좋아. 그럼 그냥 말할게."

홍민정 얼굴이 빨개졌다.

"우리가 바이러스를 만드는 거야."

"뭔 말이야? 우리가 왜 그 무서운 걸 무슨 수로 만들어? 그리고 만들 수 있다고 해도 그런 걸 왜 만들어?"

해창이가 말했다.

"잘 들어 봐. 바이러스는 전염력이 강력해. 그러니까 내 말은 말이야."

홍민정은 목소리를 낮췄다.

처음에는 무슨 말도 안 되는 소리를 하느냐는 듯한 표정으로 바라보던 아이들이었다. 그런데 점점 홍민정 말에 빠져들어 갔다. 고개를 끄덕이기도 했다.

"그럼 오늘 점심시간부터 그렇게 하는 거다."

"오케이. 전교생에게 바이러스를 전염시키자."

성찬이가 외쳤다.

급식실에 도착했을 때 아이들은 서로 눈짓을 주고받았다.

"성찬이 네가 앞장서."

홍민정이 성찬이를 우리 반 줄 맨 앞에 서라고 했다. 정작

앞에 서려니까 떨린다고 말이다. 무슨 말인가 하려던 성찬이는 아무 말 없이 앞에 섰다. 나는 성찬이가 무슨 말을 하려고 했는지 알 수 있었다. '네가 저지른 일이니까 네가 책임져야지' 이러고 싶었을 거다.

"이 가지볶음 할머니가 만드셨어요?"

성찬이가 오하얀 할머니에게 물었다. 목소리가 얼마나 큰지 급식실이 울릴 정도였다. 오하얀 할머니가 고개를 끄덕였다.

"와! 맛있겠다. 먹고 나서 더 먹어도 되지요? 많이 주세요, 많이."

성찬이는 계속 목에 힘줄이 서도록 소리쳤다. 급식실에 있는 아이들이 모두 이쪽을 바라봤다.

많이, 많이를 외치는 성찬이는 가지볶음을 산처럼 받아 갔다. 그다음 아이들도 '와! 맛있겠다'를 외쳤다. 먼저 밥을 받고 가지볶음도 다 먹은 성찬이가 또 달려가 가지볶음만 더 받아 왔다.

"요리 솜씨가 끝내 주신다."

아이들이 앞다퉈 말했다.

"황 선생 반찬 교실에서 공부한 실력이야."

나도 한마디 거들었다. 사실 나도 가지볶음을 먹으면서 속으로 깜짝 놀랐다. 오하얀 할머니의 실력이 이 정도인 줄 몰랐다. 진짜

맛있었다.

전교생은 모두 오하얀 할머니 앞에서 '많이 주세요, 많이'를 외쳤다. '바이러스 전염시키기!' 성공이었다.

"내일은 더 맛있게 만들어 주세요. 가지볶음 진짜 맛있었어요."

밥을 먹고 나오면서 홍민정이 소리쳤다.

"둘이 먹다 둘이 다 죽어도 모를 정도로 맛있어요."

1학년 아이들이 쪼르르 달려가 오하얀 할머니에게 말했다. 이제 오하얀 할머니는 솜씨 좋은 급식 도우미 선생님으로 알려질 거다. 솜씨를 인정받으면 3개월이 아니라 계속 급식 도우미 선생님으로 일할 수도 있다. 그 생각을 하자 기분이 좋아졌다.

"너희들 왜 이렇게 오늘 목소리가 크니? 이상하다."

선생님이 고개를 갸웃거렸다.

교실로 돌아오는데 문득 궁금한 게 생각났다. 나는 홍민정에게 다가갔다.

"궁금한 게 있는데 물어봐도 돼?"

"물어봐. 궁금하면 말해 줄게."

아무래도 홍민정은 저 버릇을 영원히 고치지 못할 거 같다.

"오하얀 할머니와 오하얀하고 너하고 급식실에서 무슨 일 있었지?"

내 말에 홍민정 귓불이 벌겋게 달아올랐다.

"무슨 일이었어? 궁금해. 궁금하니까 말해 봐."

나는 묻기 전에 미리 말하고 홍민정을 바라봤다.

"급식실에서 오하얀이 자기 할머니한테 뭘 물어봤어. 그러니까 오하얀 할머니가 대답했고. 그런데…… 아, 진짜, 내가 왜 그랬나 몰라."

홍민정이 뒤통수를 박박 긁었다. 그러는 바람에 묶어 놓은 머리카락이 튀어나왔다. 꼭 뿔이 솟은 거 같았다.

"오하얀 할머니가 마스크를 하고 있었거든."

원래 급식실 도우미 선생님들은 마스크를 한다. 바이러스가 출몰하기 전에도 말이다.

"그런데 내가 그 마스크가 완벽하게 막아 주는 마스크냐고 물었어. 침 같은 거 새어 나오는 마스크면 반찬에 튀어서 더럽다고."

"더럽다고?"

입이 저절로 벌어졌다.

"오하얀 할머니하고 오하얀하고 말을 길게 했어?"

"아니. 오하얀이 자기 할머니한테 이제 다리 안 아프냐고 물었고 오하얀 할머니는 괜찮다고 말했어."

나는 홍민정을 한 대 콩 쥐어박고 싶었다. 이건 진심이다. 자기들은 반찬 앞에서 온갖 하고 싶은 말들을 다 하면서 마스크 쓰고 한마디 한 걸 꼬투리 잡아 그러다니. 그 말을 들었을 때 오하얀이 얼마나 슬펐을까. 그날 돈가스 얘기를 한 게 아니라 그 이야기를 했었군.

"나동지. 오하얀 말이야, 네 앞집에 살지? 오늘 집에 가면 오하얀한테 내가 급식실 바이러스를 만들었다고 꼭 좀 전해 줘, 꼭."

홍민정이 내 앞으로 새끼손가락을 내밀었다. 나는 새끼손가락을 걸었다.

"뭐냐? 너희들? 무슨 약속을 하는데 손가락까지 걸고 그러냐?"

어디선가 정호가 나타났다. 나는 곧장 교실로 들어왔다.

수업이 끝났을 때 교장 선생님이 방송을 했다.

"여러분 요즘 수족구병이 아주 유행이에요. 수족구병은 전염성이 아주 강해요. 전염병에 걸리지 않으려면 첫째도 위생, 둘째도 위생, 셋째도 위생을 철저히 하는 거예요. 손을 깨끗이 씻는 건 절대 잊지 말도록 해요. 물론 손소독제를 쓸 수도 있지만 그건 손을 씻을 수 없는 상황일 때 쓰도록 하세요."

교장 선생님 방송이 끝나기 무섭게 아이들은 화장실로 달려가서 줄을 섰다. 휴대폰까지 가지고 가서 정확하게 30초를 지키는 아이도 있었다. 선생님이 화장실 앞에서 흐뭇한 표정으로 지켜봤다.

"선생님. 아무래도 손수건 선물을 더 하셔야 할 거 같아요. 금방 낡아지겠는걸요."

성찬이가 말했다.

"흠, 얼마든지. 이렇게 깨끗이 손 씻는 습관을 들이면 무서운 바이러스들도 꼼짝 못 할 거야."

선생님이 말했다.

바이러스는 무섭다. 우리 생활 속에 멋대로 파고드는 뻔뻔한 존재이다. 하지만 생각해 보면 좋은 바이러스도 있다. 오늘 홍민정이 만든 바이러스 같은 바이러스 말이다.

딩동딩동딩동딩동.

나는 104호 초인종을 눌렀다. 현관문이 벌컥 열렸다.

"왜 또 물어보지도 않고 문을 열어?"

"초인종 소리가 나동지 너일 거 같아서. 저번에 보니까 너도 초인종 누르는 게 나를 좀 닮아 가더라. 기분에 따라 달라

안1녕
안2녕

안3녕

져. 그런데 오늘은 왜 빈손이냐? 아픈 친구한테 오면서 과자라도 하나 사 와야 하는 거 아니니?"

오하얀이 내 손을 바라봤다. 한 번 사다 줬다고 계속 바라고 있다. 거의 다 나았다면서 말이다. 저번에 왔던 바이러스만큼 뻔뻔하다.

"집에 돈 있거든. 사다 줄게."

나는 우리 집으로 뛰어들어 갔다. 뻔뻔한 오하얀이지만 그래도 좋았다.

글쓴이의 말

오늘 우리가 나눈 따뜻함을 소중하게

지난해는 코로나19 바이러스로 인해 우리 모두 참 많이 힘들었던 한 해였어요. 물론 지금도 여전히 그렇지만요. 솔직히 고백하는데요. 처음 바이러스가 나타났을 때 나는 한 달 정도만 지나면 사라질 줄 알았어요.

"흥, 현대 과학이 얼마나 발달했는데 그깟 바이러스쯤이야."

이렇게 생각했었지요. 아마도 대부분의 사람들이 다 그랬을 거예요. 그러나 그깟 바이러스라고 콧방귀 뀌었던 코로나19는 일 년을 훌쩍 넘기도록 우리 생활을 마구 흔들어 놓았어요. 일상을 지켜주던 것들을 깨뜨리고 무너뜨렸어요. 바이러스로 인해 학교까지 못 가게 될 줄은 꿈에도 상상해 본 적이 없었어요.

거리두기가 생활화되고 서로가 서로를 의심하는 일도 늘어났어요. 가족끼리도 거리두기를 해야 한다는 말을 들었을 때 나는 당연히 그래야 하겠지라는 생각을 하면서도 한편으로는 슬퍼졌어요. 세상에서 가장 가까운 사이인 가족까지 거리두기를 해야 한다니, 마음이 아팠어요.

그리고 그동안 자연이 주는 혜택을 누리고 살면서도 그걸 잊고 자연에게 행했던 나쁜 일들이 하나둘 떠올랐어요. 함부로 버렸던 쓰레기, 무분별한 개발…… 편리함을 제일로 여기느라 자연은 뒷전이었던 모든 행동들. 그 모든 것이 나쁜 바이러스의 싹이 되었을 거예요.

바이러스로 인해 온라인으로 공부를 하고 온라인으로 시장을 보고 온라인으로 일하는 사람들이 폭발적으로 늘어났어요.

'어차피 앞으로는 이런 식으로 바뀔 세상이었어. 바이러스 때문에 조금 더 일찍 온 거지.'

이렇게 생각하는 사람들도 많아요. 하지만 말이에요, 사람은 사람의 온기를 느끼며 살아야 해요. 서로 만나 따뜻함을 나누면서 살아가는 기쁨을 느끼는 존재가 사람이에요.

나는 그런 마음에서 『뻔뻔한 바이러스』를 썼어요.

앞으로도 사람과 사람 사이를 갈라놓는 바이러스는 계속 출몰할 거라고 해요. 그 바이러스를 이기는 가장 손쉬운 방법은 청결뿐이라고도 해요. 서로가 서로를 의심하기에 앞서 개인 위생을 철저히 지키는 거지요.

코로나19 바이러스가 지나고 나면 절대 다른 바이러스에게는 우리의 생활을 내주지 말아요. 사람과 사람을 갈라놓는 뻔뻔한 바이러스는 난 한 번으로 족해요. 모두모두 건강하세요!

오늘도 따뜻한 온기를 나누고 싶은

동화작가 박현숙

뻔뻔한 바이러스

초판 1쇄 발행 2021년 2월 22일
초판 3쇄 발행 2024년 5월 10일

지은이 박현숙
그린이 정경아

펴낸이 김혜선
펴낸곳 서유재 등록 제2015-000217호
주소 (우)04034 서울 마포구 잔다리로7길 18(서교동 377-20) 504호
전화 070-5135-1866 | 팩스 0505-116-1866
대표메일 outdoorlamp@hanmail.net

종이 엔페이퍼
인쇄 성광인쇄

ISBN 979-11-89034-37-5 73810

★ 어린이 안전 특별법에 의한 제품 표시
① 품명: 도서 ② 제조자명: 서유재 ③ 주소: 서울 마포구 잔다리로 7길 18
④ 연락처: 070-5135-1866 ⑤ 최초 제조년월: 2021년 2월 ⑥ 제조국: 대한민국 ⑦ 사용연령: 8세 이상